확인하기

기술기업성공 체크포인트

본서는 기술기업을 영위하는 기업가 혹은 창업예비자를 대상으로 스스로 경영과 관련한 기초적인 진단을 할 수 있도록 구성되었다. 기술기업의 핵심자원인 직원, 상품, 자금 등 3가지를 어떻게 확보할 수 있는지를 중심으로 하여 경영과 관련한 중요한 팁들을 담고 있으며, 이를 활용할 수 있는 경영진단도구도 같이 소개하고 있다.

충남 산업인력양성을 위한 교육용 시리즈 출간에 맞춰

2012년 현재 한국은 한-EU FTA, 한미 FTA 등 경제 및 산업환경이 빠르게 재편되는 한복판에 있습니다. 특히, 단순히 많은 시간을 일하는 물량 중심의 단순제조산업에서 지식중심의 고부가가치 산업으로의 전환이 요구되는 시점으로 우리에게는 매우 중요한 시기가 아닐 수 없습니다.

이러한 시점에서 세계와 경쟁하는 대기업들은 지식정보화시대에 걸맞는 수준으로 경쟁력을 끌어올렸지만, 고용의 대부분을 차지하고 있는 중소기업들은 그렇지 못한 것이 안타까운 현실입니다.

국가라는 울타리를 넘어 경쟁이 벌어지는 FTA 체제에서는 경쟁력을 강화하지 못한 기업의 생존을 보장하기 힘듭니다. 이에 따라 정부에서 여러 지원체계를 강구하고 있으나, 그보다 기업 스스로 변화하는 환경에서 자신의 경쟁력을 높일 수 있는 다양한 활동을 할 것이 요구되고 있습니다.

충남 지역의 중소기업도 이러한 변화의 한복판에서 지식경영을 위한 많은 활동을 하고 있는 것으로 알고 있습니다. 충남 산업인력양성을 위한 교육용 시리즈는 이러한 상황에서 지역의 중소기업인들이 스스로의 경쟁력을 높일 수 있도록 돕기위해 기획되었습니다.

창업이 곧 애국인 시대입니다. 이에 따라 많은 창업지원제도가 운영되고 있고, 젊은 창업가들의 창업에 대한 관심도 늘고 있습니다.

그럼에도 불구하고 기업을 운영하는데 필요한 전문지식을 체계적으로 알려주는 프로그램이 부족한 것은 아쉬운 일입니다.

본서는 이러한 아쉬움을 해소하기 위해서 젊은 기술기업가가 겪을 수 있는 여러 애로를 해결하는데 도움을 주고자 기획되었습니다. 회사의 운영과 관련하여 있을 수 있는 과제를 하나씩 점검하면서, 관련된 능력을 점검하도록 구성되었습니다.

아울러 기업을 하면서 방문하면 좋은 웹사이트, 읽어야 할 필요가 있는 책들을 소개하였습니다.

특히, 지방에서 중소기술기업을 운영하는 분들을 위한 조언도 싣도록 하였습니다.

모쪼록 본서를 통해서 기업인들이 기술기업 운영을 위해 필요한 기초적인 정보를 얻는 계기가 되었으면 하는 마음 간절합니다.

충남테크노파크 원장 장원철

| 서문 |

기술기업 성공을 위한 체크포인트

기업을 경영한다는 것은 내가 가진 자원을 활용해 상품을 만들고 그 것을 필요한 고객에게 전달(판매)하는 일을 가리킨다.

자본주의 경제원칙은 간단하다. 고객이 원하는 가격보다 싸게 상품을 만들 수 있는 역량을 갖추는 것이다. 그러지 못하면 망한다.

기업의 성공은 결국 자신이 가진 자원을 어떻게 관리·활용하는가에 달려있다. 따라서 자원의 관리는 기업성공의 핵심활동이라고 할 수 있다.

본 서에서는 기술기업의 성공을 위한 활동에 대해 기업의 핵심자원인 사람, 상품, 그리고 자금과 관련된 이야기로 풀어가 보고자 한다.

본 서는 이 세 가지 자원을 만들고 발전시키는 것은 물론 지속적으로 관리하는 방법에 대해 개괄적으로 파악하는 것을 주안점으로 기획되었다. 이를 통해 경영에 대한 전체적인 흐름을 이해하고 전략에 대한 실마리를 잡는 데에 그 목적이 있으며, 따라서 각 과정과 항목에 대한 구체적인 활용 및 실행방법은 본서의 기획범위를 벗어난다.

이에 더하여 정부와 공공기관을 활용하는 방법에 대한 안내를 추가하였다. 보다 심도 깊은 전략과 활용법을 원하는 독자들을 위해서는 각 항목을 심화·발전시킬 수 있는 서적을 추천하였다.

본 서는 우선적으로 충남 지역의 기술기업 CEO를 대상으로 기획되었다. 충남에는 발전 가능성이 높은 다수의 기술기업들이 있고, 이들을 대상으로 다양한 교육 및 지원이 이루어지고 있다. 그러나 지금까지 경영책임자에게 초점을 맞춘 지침서는 없었다.

중소기업을 운영하는 많은 경영자들은 일인 다역을 해야 하는 상황 속에 놓여있으므로, 눈앞에 닥친 일을 처리하는 데에 급급하여 일의 우선순위를 고려하지 못하고 중요한 일을 놓치는 경우가 자주 있다. 따라서 이를 방지하기 위해서는 기업운영에 대한 전체적인 조망이 필요하다.

본 서는 큰 그림을 토대로 개괄적인 이해를 돕는 한편 중요한 체크포인트를 중심으로 세부항목을 구성하였다. 즉 읽기에 부담이 없으면서도 기업경영에서 항상 염두에 두어야 하는 핵심적인 내용들은 최대한 포함할 수 있도록 노력하였다.

| 이 책의 구성 |

본 서에서는 기업의 핵심역량을 구성하는 세 가지 요소인 사람, 상품, 자금에 초점을 맞추어, 각각을 만들고, 키우고, 관리하는 방법을 제시하였다. 즉 각 요소별로, 도입·만들기·키우기·관리하기 등의 단계를 거치면서 필요한 핵심활동을 살펴볼 수 있도록 구성되었다.

이것을 토대로 전체의 구성은 아래와 같이 로드맵의 필요성, 역량강화를 위한 세가지 요소 구성, 그리고, 이를 활용한 전략테이블의 구성 방법과 응용으로 이루어진다.

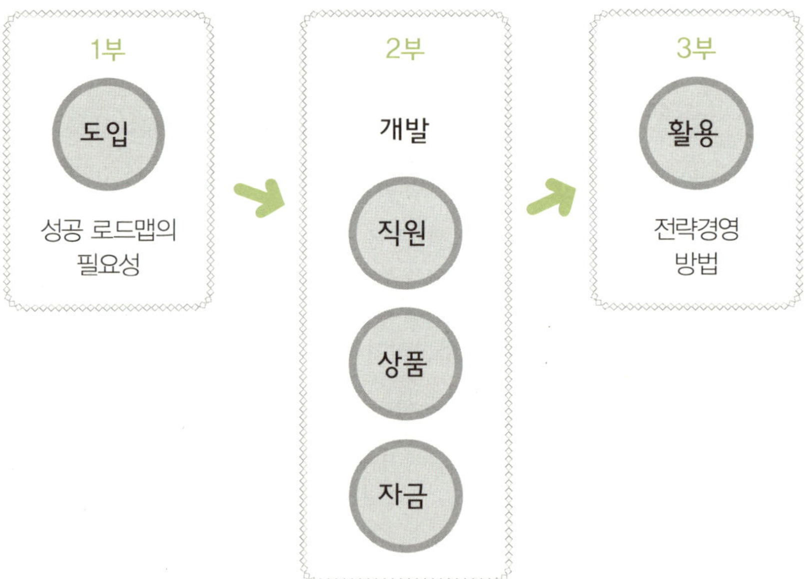

각각의 항목을 구성하는 핵심활동들은 다음과 같이 4개의 단락으로 구성된다.

개요	핵심활동의 중요 요소를 설명하는 부분으로, 핵심활동이 왜 중요하며 어떻게 진행되는지를 간략히 소개한다. 대략의 컨셉을 확인하는 단락이다.
조망	각 주제별로 CEO 혹은 회사가 염두에 두어야 할 활동의 전반적인 요소를 그림을 통해 보여준다. 독자는 이를 통해 각 주제와 회사의 활동 관계에 대한 전반적인 구조를 이해할 수 있다.
실행	CEO가 핵심활동을 실제로 하기 위해 가장 많이 해야 하는 활동을 3가지로 요약해서 설명한다. 또한 CEO가 현재의 모습 혹은 향후 각 활동 상황을 점검할 때 활용할 수 있는 체크리스트도 제시되어 있다. 이를 활용해서 직접 자신의 모습을 점검할 수 있다.
참조	본 서는 기본적인 생각을 할 수 있는 가이드와 체크리스트를 제시할 뿐이므로 본격적인 실행을 위해서는 보다 전문적인 지식과 정보 등이 필요하다. 이를 위해 각 항목별로 도움이 될 만한 책을 간략한 내용과 함께 소개하고 있다.

※ 각 항목별로 실행에 포함된 체크리스트를 통하여 기술경영과 관련된 현재 자신의 위치를 가늠할 수 있다. 체크항목이 2개 이하면 미흡, 3~5개면 보통, 6개 이상이면 우수하다고 판단할 수 있다.

| 차례 |

C h e c k P o i n t

1부

나만의 성공로드맵을 만들자!

Chapter

1

기업성공의 핵심요소

기업성공의 핵심요소

전략경영을 설명하는 수많은 이론에서는, 기업의 성공을 위해서는 외부환경을 적절히 분석하고 이에 맞도록 기업의 내부역량을 발전시킬 수 있는 전략을 수립하는 것이 성공의 지름길이라고 한다. 즉 환경에 적응할 수 있도록 회사의 역량을 변화시킬 수 있는지를 가장 중요하게 언급하는데, 이런 면에서 전략경영을 하는 CEO를 다른 말로 변화관리자라고도 한다.

세계적인 기업의 CEO들도 빠르게 변화하는 외부환경을 파악하고 그에 적절히 대처하기 위해 많은 컨설턴트의 도움을 받고 있다. 그렇다면 기술, 자금, 인력 등 모든 면에서 여건이 부족한 한국의 중소기술기업들은 어떻게 효율적으로 변화관리를 할 수 있을까?

본 서에서는 변화관리를 위한 핵심요소로 세 가지를 제시하였다. 즉 직원, 상품, 그리고 자금을 각 시기별로 어떻게 만들고 키우고 관리하는가를 변화관리의 핵심요소로 상정하고, 기업의 성장상황에 적합한 실천 가이드를 제시하고자 하였다.

1. 변화관리를 위해서 외부의 변화를 파악하는 것이 기본이다.

기업의 성공을 위해 CEO가 해야 할 가장 중요한 일은 무엇일까? 물론 내부역량도 키워야 하지만, 자신의 사업과 관련된 환경을 파악하는 것이 무엇보다 중요한 일이다. 따라서 관련된 다양한 정보원을 확보하고, 외부환경을 파악하고 분석하는 데에 많은 노력을 기울여야 한다.

그렇지만 본 서의 목적은 기업의 체질을 강화함으로써 어떠한 환경에서도 생존할 수 있는 내부역량을 만드는 데에 있으므로 이 부분에 대해서는 많이 언급하지 않았다. 이를 위해서는 지속적으로 관심을 가지고 외부환경을 파악할 수 있는 체계를 갖춰야 한다.

2. 기업의 내부역량을 강화한다는 것은 무엇인가?

사업영역과 관련한 외부환경은 수시로 변화하므로, 그때마다 이에 맞는 전략을 만들어낸다는 것은 쉬운 일이 아니다. 내부역량을 강화한다는 것은 회사를 구성하는 직원, 상품, 재무상태가 외부환경변화에 맞추어 능동적으로 유연하게 변할 수 있도록 생명력을 불어넣는 것이라 할 수 있다. 결과적으로 각각의 핵심요소들이 자율적인 유기체처럼 생명을 가지고 움직이게 만드는 것이 된다.

3. 내부역량 관리의 핵심목표는 직원, 상품, 자금이다.

중소 기술기업의 내부역량을 제고하여 경쟁력을 갖도록 만드는 것은 온전히 CEO의 역량에 달려있으며, 결국 CEO가 직접 처리해야 하는 과제가 된다.

그렇다면 이 때 CEO가 관리해야 하는 대상은 무엇인가? 일반적으로 이는 세 가지로 귀결된다. 그것은 직원, 상품, 자금이다. 결과적으로 CEO의 경영활동이란 이 세 가지를 어떻게 관리하고 운영하느냐 하는 문제와 같다. 이 세 가지를 잘 관리한다면 회사의 각 요소는 마치 살아 움직이는 유기체와 같이, 외부환경에 맞는 상품을 만들고 외부 기업과 경쟁할 수 있는 구조를 갖추게 될 것이다.

CEO의 내부역량 강화 요소

요약

기업의 최고 의사 결정권자를 가리키는 말이다. 최고경영자는 보통 한 명이나, 복수의 최고경영자를 두는 기업도 있다.

일정한 직장에 근무하는 사람을 통틀어 가리키는 말로, 능력 있는 직원은 곧 그 기업의 경쟁력이 된다.

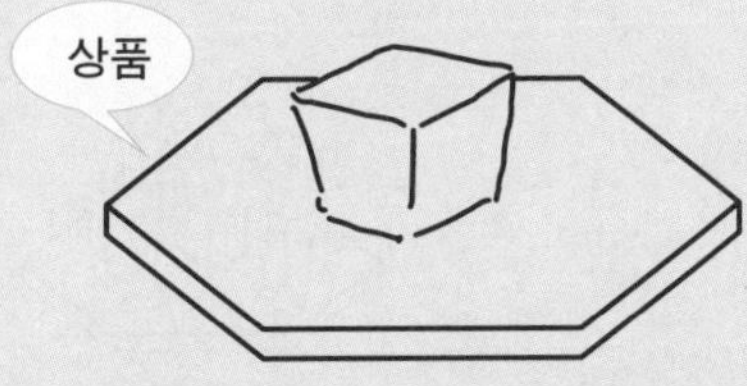

상품은 기업이 특정한 기술 및 아이디어를 이용해 창출해내는 가치로, 이를 소비자에게 전달해 이윤을 창출한다.

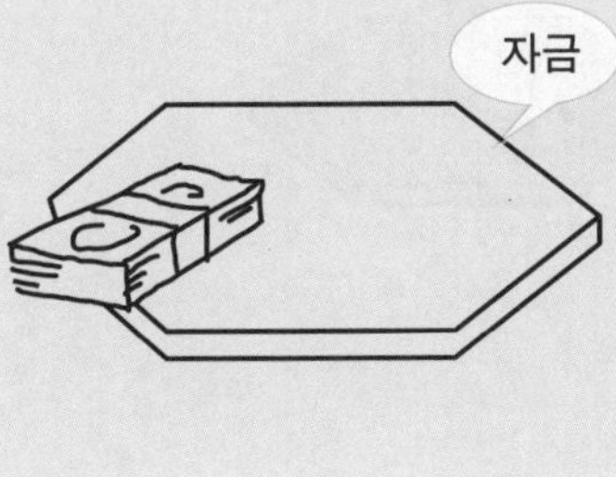

자금은 사업에 쓰이는 돈을 총칭하는 말로, 자금의 조달은 기업활동에 있어 혈액과도 같은 역할을 한다.

CEO의 내부역량 강화활동 요약

CEO의 활동을 요약한 그림이다.
직원, 상품, 자금을 적절히 만들고 키우고 관리함으로써 변화에 능동적으로 대응할 수 있는 조직을 만드는 것이 CEO의 역할이다. 각각에 있어 CEO의 핵심활동목표 달성을 위한 적절한 활동을 기업의 성장단계별로 구사해야한다.

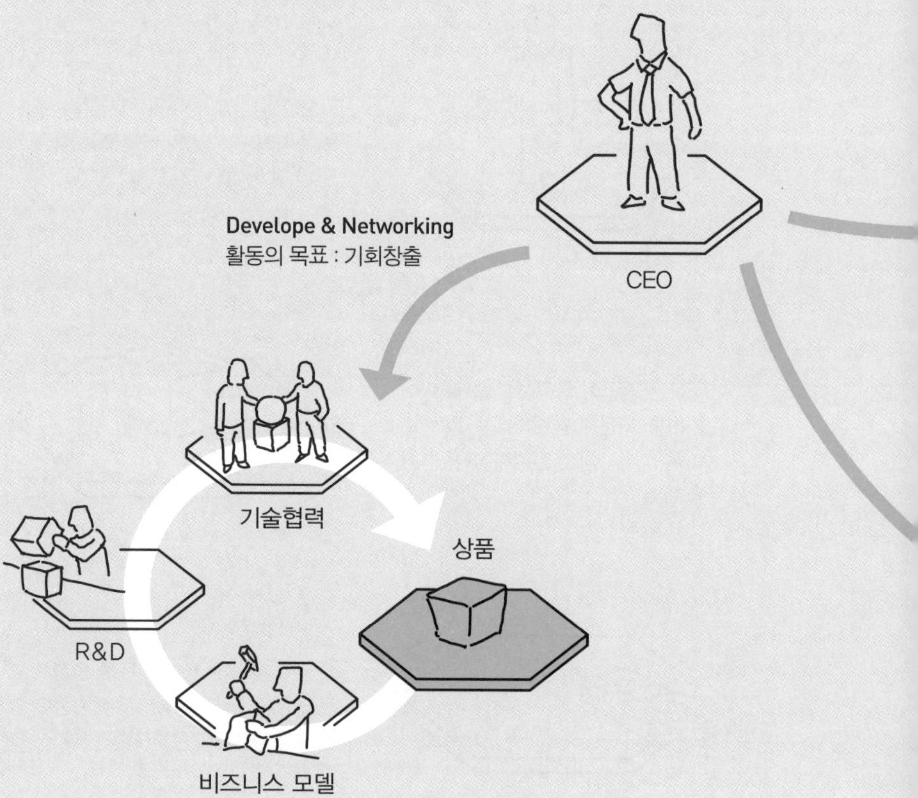

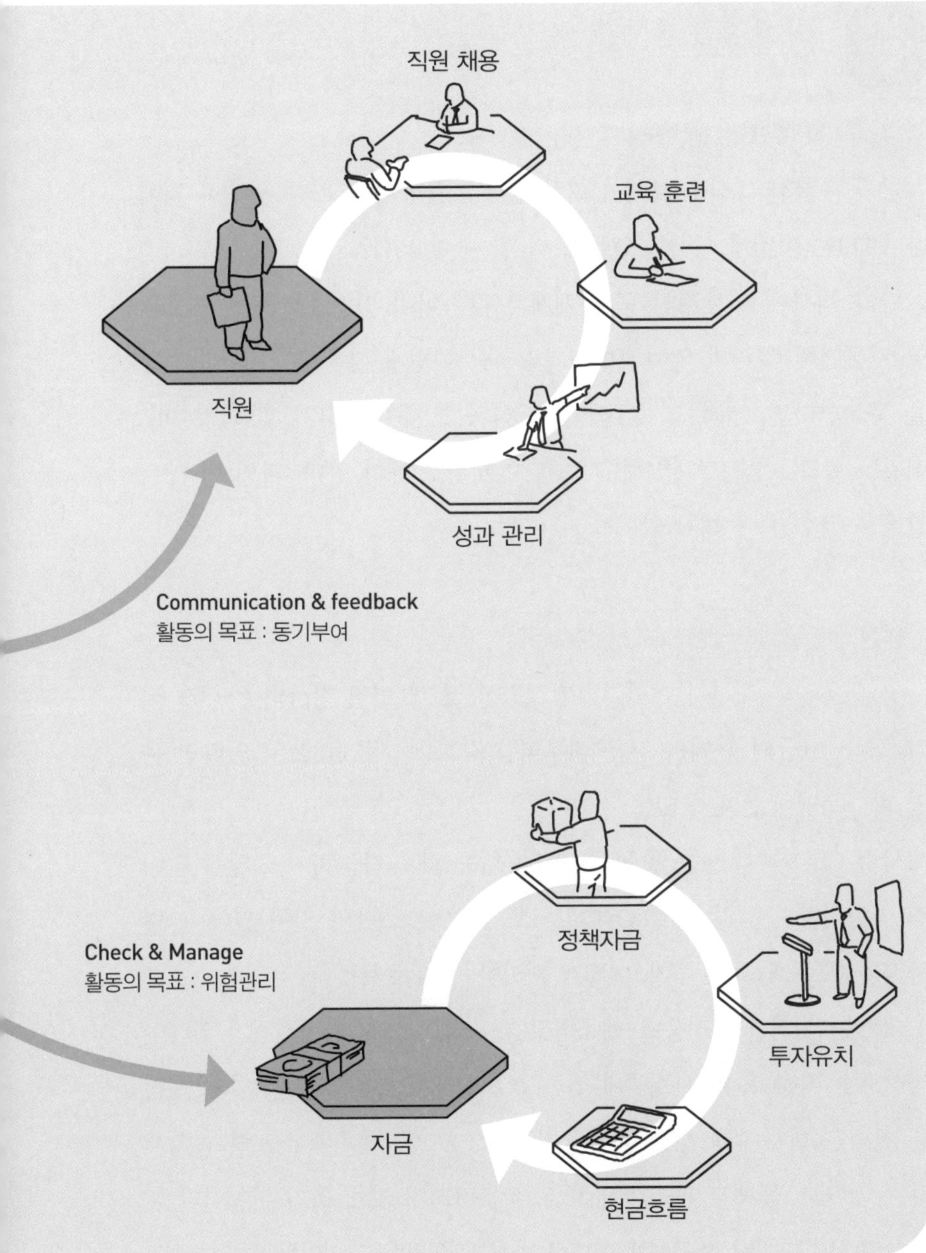
직원 채용
교육 훈련
직원
성과 관리
Communication & feedback
활동의 목표 : 동기부여
정책자금
Check & Manage
활동의 목표 : 위험관리
투자유치
자금
현금흐름

기업성공을 위한 CEO의 핵심활동

1. CEO는 참 할 일이 많다.

앞의 복잡한 그림을 보면서 그런 생각이 들었다면, 아주 당연한 것이다. CEO는 어떻게 이러한 일들을 다 할 수 있을까?

만약 회사에 기본적인 운영 체계가 갖추어져 있지 않다면, 이 모든 일은 온전히 CEO의 일이 된다. 그렇지만 이렇게 많은 일 모두에 신경을 분산한다면, 정작 그 중 어떤 것 하나도 제대로 하기 힘들 것이다. 직원도 뽑고, 기술도 개발해야 하고, 마케팅도 해야 한다. 과연 이 많은 일들을 CEO가 다 해야 할까?

2. 권한 위임을 위한 체계가 필요하다.

창업 초기의 회사가 아닌, 이미 직원이 몇 십 명인 회사의 CEO가 직원, 상품, 자금의 관리와 같은 내부역량 강화에 신경을 쓰고 있다면 분명 회사운영에 문제가 있는 것이다.

사실 CEO가 이 모든 활동을 다 잘 하는 것은 가능하지도 않을 뿐더러 바람직하지도 않다. CEO에게는 또 다른 CEO만의 일이 있다. 그렇다면 이 모든 일들은 누가, 어떻게 처리할 수 있을까?

CEO는 이러한 어려움을 해소하고 효율적으로 일을 처리하기 위하여 적절하게 직원 혹은 시스템에 권한을 위임해야 한다. 권한위임의 목적은 첫째로 회사에서 가장 중요한 자원인 CEO의 역량을 소모하지 않게 하는 것이고, 둘째로 관리대상 요소가 누락되지 않게 하기 위함이다.

그렇다면 도대체 누구에게 어떠한 방식으로 권한을 위임할 수 있을까?

3. 위임을 위한 구체적인 활동은 어떻게 해야 하는가?

CEO가 바쁘다고 아무에게나 일을 맡기고 아무렇게나 관리한다면 언젠가 큰 문제가 생길 수밖에 없다. 어떤 일이든 적절한 체계 없이 진행하는 것에는 많은 무리가 따른다.

권한위임을 하는 경우에도 CEO에게는 이러한 활동들을 체계적으로 관리할 수 있는 자신만의 운영관리체계가 필요하다. 이를 통하여 CEO는 적절한 핵심활동을 하면서 총체적인 기업의 활동들을 관리할 수 있으며, 회사조직 전체가 변화에 적절하게 대응하는 능동적인 활동을 할 수 있게 되는 것이다.

본 서에서는 이러한 목적을 위해 CEO가 해야 하는 활동을 아래 표와 같이 제안하고자 한다. 이는 CEO의 권한을 성공적으로 위임하기 위해 필요한 것일 수도 있고, 위임에도 불구하고 반드시 직접 해야 하는 활동일 수도 있다. 중요한 것은 CEO의 이러한 활동들이 없으면 회사의 내부역량강화가 적절히 이루어지지 않는다는 것이다.

권한위임을 위한 CEO의 핵심활동 요약

관리 대상	직원	상품	자금
핵심활동	Communication & Feedback	Study & Networking	Check & Manage
활동의 목표	동기부여	기회창출	위험관리
활동 도구	비전프레임	관계관리	관리시스템
위임대상	직원 전체	개발 네트워크	재무관리체계

1분 피터 드러커

니시무라 가쓰미 저 ● 장민주 옮김 ● 애플트리태일즈

『1분 피터 드러커』는 경영학의 여러 분야를 체계화하고 이론적 토대를 구축함으로써 '현대 경영학의 아버지'라 불리는 피터 드러커의 경영철학을 벤치마킹하고 그의 핵심적인 경영철학을 정리한 책이다.

그는 매니지먼트에 필요한 다양한 자원 중 가장 중요한 것이 '인재'라고 강조한다. 그래서 그의 경영철학 안에는 인간에 대한 따뜻한 시선이 담겨 있다.

이 책에는 위기상황에 따른 혁신적인 경영전략, 직원들을 능동적으로 만드는 인재경영 방법, 성과를 높이는 효율적인 매니지먼트 방법, 사업의 정의를 정립하는 법, 고객의 니즈를 알아차리는 방법 등 피터 드러커의 핵심적인 경영이론들을 제목과 함께 간략히 소개하고 있다.

꼭 필요한 조언들이 간명하게 정리되어 있어 회사를 경영하는 바쁜 CEO들도 쉽게 접근할 수 있다. 또한 핵심 주제어에 관련한 내용을 쉽게 찾아볼 수 있으며, 이를 자신의 경영 환경과 비교하여 검토해볼 수 있다.

목차

1. 빠르고 스마트한 업무환경이 성과를 좌우한다.
2. 조직의 인재를 최고의 프로페셔널로 만들어라.
3. 최고의 매니지먼트는 평범한 사람을 비범한 인재로 만든다.
4. 새로운 변화를 기회로 만들어라.
5. 끊임없이 배우고 도전하라.
6. 인재를 조직의 최고자산으로 만들어라.
7. 기업의 미래는 이노베이션에 좌우한다.
8. 책임지는 리더가 진짜 리더다.

EBS CEO 특강 도전하는 젊은이

EBS CEO 특강 제작팀 저 ● 마리북스

'EBS CEO 특강' 제작팀의 『EBS CEO 특강』. EBS가 2008년 2월 27일부터 방영해온 프로그램 'EBS CEO 특강'을 책으로 옮겼다. 우리나라 핵심 기업 CEO들의 생생한 경험담에서 우러나오는 살아 있는 경제경영 분야의 특강을 듣게 된다. 우리 시대에 필요한 구체적 비전과 마인드는 물론, 새로운 시장을 개척하고 돌파하는 노하우, 서로 다른 환경 및 문화와 공존하는 방법 등을 배울 수 있다.

방송보다 훨씬 더 정제된 표현과 알찬 정보의 구성으로 쉽게 참고할 수 있다.

목차

Chapter

2

성장단계에 따른 핵심요소의 관리

성장단계에 따른 핵심요소의 관리

앞서 언급했듯 외부환경의 변화에 따라 핵심요소의 성장 방향을 관리하는 것은 매우 중요하다. 또한 핵심요소의 관리에 있어서 잊지 말아야 할 것은 기업의 성장 정도에 맞추어 핵심요소의 관리방법이 변화되어야 한다는 것이다.

성장하는 모든 기술기업은 창업·개발·성장 등의 대표적인 세 단계를 거친다. 각 단계별로 어떻게 각 핵심요소들을 관리해야 할 것인가가 본 장의 주제이다.

기업이 성장함에 따라 각 핵심요소들의 상대적인 중요도는 달라진다. 이를테면 창업기에는 상품화 모델, 즉 비즈니스 모델이 가장 중요하고, 개발기에는 직원에 대한 관리가 가장 중요하며, 성장기에는 현금흐름을 관리하는 것이 가장 핵심적인 사안이 된다.

지금부터 각 단계별로 이러한 핵심요소들을 어떻게 관리하고 발전시킬 수 있는지에 대해 검토해 보자.

1. 창업단계에서는 사업할 수 있는 아이템이 가장 중요하다.

창업기에는 나만의 아이템을 가지고 있는가 하는 것이 가장 중요하다. 사업을 하고자 하는 이유가 단지 할 일이 없어서라면 곤란하지 않겠는가. 무엇인가 내세울 수 있는 아이템, 즉 상품이 있어야 사업을 시작할 수 있다.

물론 창업을 하기 위해서는 자금도 필요하고 직원도 있어야 한다. 그렇지만 훌륭한 아이템이 없다면 이러한 것들은 모두 의미 없는 것이 된다. 그럴듯한 나만의 아이템이 있다면 그밖에 모든 것은 따라오기 마련이다.

2. 개발단계에서는 사업화를 추진할 수 있는 직원이 가장 중요하다.

나만의 아이템을 토대로 기술개발이 어느 정도 끝났다면, 이를 구체화할 수 있는 역량을 키우는 것이 중요하다. 어떻게 하면 역량 있는 인재들을 끌어와 작은 중소기업의 직원으로 채용할 수 있을까? 어떻게 그들이 능동적으로 일할 수 있는 환경을 만들 것인가? 이들에게 어떻게 자신의 비전을 보여주고 실질적인 업무를 담당하는 파트너로 성장시킬 것인가? 이는 이후 만들어지는 회사의 문화 전반에 관련된 중요한 부분이다. 이처럼 역량 있는 직원들과 능동적으로 일하는 분위기가 만들어진다면, 상품화할 수 있는 기술개발이나 투자유치도 한층 쉬워질 것이다.

3. 성장단계에서는 위험을 피할 수 있는 현금흐름관리가 가장 중요하다.

나만의 비즈니스 모델과 역량 있는 직원들을 기반으로 기술을 개발하고 매출이 발생하고 있다면, 조직이 커져서 얼굴도 익숙하지 않은 직원이 일을 한 성과로 회사 통장에 돈이 들어오기 시작했다면, 이제는 현금흐름관리가 절실한 시점이다. 즉 이는 회사가 성장단계에 들어서는 순간이며, 현금흐름관리가 CEO의 가장 중요한 업무가 되는 시점이다.

외부와의 사업협력을 통해 사업을 키우거나 회사의 업무조직 개선을 통해 효율성을 높이는 등의 일은 모두 현금흐름 관리를 통해 회사의 위험요소를 줄이고 난 이후의 문제일 뿐이다.

성장단계별 핵심관리 요소

요약

사업을 위한 비즈니스 모델을 정립하는 단계이다. 무엇보다도 어떤 일을 해서 어떻게 돈을 벌 것인지를 명확히 하는 것이 가장 중요하다.

만들어진 비즈니스 모델을 토대로 기술을 개발해서 매출을 일으켜야 하는 시기이다. 따라서 구성원들을 어떻게 역량 있는 직원으로 성장시킬 것인지가 중요하다.

매출과 함께 그에 따른 비용이 발생하며, 사업을 키우기 위한 투자도 필요하다. 따라서 회사의 안정적인 성장을 도모하기 위해서는 현금흐름 관리가 중요하다.

성장단계별 핵심관리요소 요약

창업기	비즈니스 모델 구축
개발기	교육훈련 환경 조성
성장기	현금흐름 관리

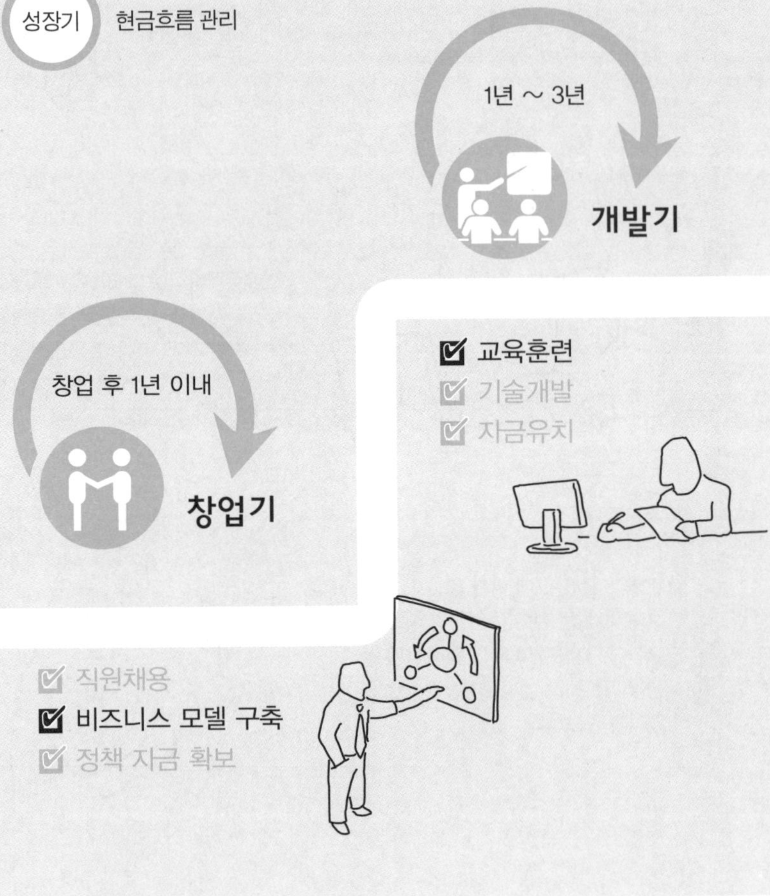

성장단계별 핵심관리요소를 요약한 것이다. 특히 각 단계별로 CEO가 신경을 써서 구축해야 하는 핵심적인 요소를 명시하였으므로 각 성장단계에서는 이에 대한 관리에 집중해야 한다.

성장단계에 따른 핵심요소의 관리

1. 창업기 : 나만의 비즈니스 모델(Biz Model)을 만들어야 한다.

사업을 한다는 것은 나만의 돈 버는 방법을 만드는 것과 같다. 돈을 벌기 위해 필요한 여러 요소를 상정하고, 각각의 중요도 및 일의 순서를 고려하여 구성하고 배치하는 활동이 비즈니스 모델 개발이다.

비즈니스 모델의 수립을 위해서는 본인이 구상하고 있는 사업 내용의 표적이 될 수 있는 고객을 정의하고, 고객이 필요로 하는 것을 구상하는 일이 선행되어야 한다. 고객의 수요와 선호가 곧 사업의 목표와 직결되기 때문이다. 그리고 이를 충족시킬 수 있는 기술과 상품을 개발할 수 있는 역량을 갖추는 것이 중요하다.

또한 이 모든 것은 결국 비용을 뛰어넘는 수익구조 하에서만 의미를 가지므로, 관련된 모든 요소를 고려한 모델을 만들어야 한다. 상품을 개발하기 위한 비용, 고객이 지불하고자 하는 상품의 가격과 판매가격을 상정해보고 적정한 수익구조가 만들어지기 위해서 무엇을 보완 및 개선해야 할지 검토한다.

한편, 창업을 위해서는 비즈니스 모델 뿐 아니라 사업을 시작하기 위한 자금과 사람이 필요하다. 운 좋게도 지금 중요한 파트너 혹은 직원이 있다면, 중소기업의 사업을 도와주는 정책자금들을 찾아보자. 정책자금 중에는 사업을 시작하는 데에 도움을 주는 것들이 많이 있다. 그 중에서도 자신의 사업에 가장 도움이 될 만한 지원 프로그램을 찾아 효과적으로 활용하는 것이 중요하며, 얼마나 수시로 이에 신경을 쓰고 시간을 들여 발품을 파는지에 비례하여 혜택을 받을 가능성이 높아진다.

2. 개발기 : 발전하는 직원이 있는 직장이어야 한다.

기술기업의 핵심은 남들과 다른 차별화된 상품을 만들 수 있는 기술과 능력이다. 차별화된 상품이라는 것은 세상에 유일무이한 기술 또는 아이디어로 만들어진 것일 수도 있고, 남들보다 적은 비용을 들여 만든 것일 수도 있다.

어떤 기술과 능력이든, 그것을 가능케 하는 것은 결국 사람, 직원들이다.

발전하는 회사를 만들기 위해 가장 중요한 것은 직원들이 발전할 수 있는 환경을 조성하는 것이다. 스스로 찾아 공부하고 지식과 경험을 공유할 수 있는 직장이라면, 성공하는 사업체로서 성공목표를 절반 이상 달성한 것이나 다름없다.

물론 경쟁 기업들을 뛰어넘는 차별화된 기술을 확보하기 위해서는 실질적인 핵심기술자를 중심으로 한 기술개발능력도 중요하다. 또한 기술개발이 끝나는 시점에서는 자금유치를 통해 양산능력을 갖춰야만 안정적인 성장기로 진입할 수 있다.

투자자의 자금을 유치하기 위해서는 지금까지와는 다른 차원의 사업계획 구성이 필요하다. 이는 자신의 사업을 외부의 전문가들로부터 인정받아야 하는 과정이므로, 보다 객관적인 근거와 정량적인 분석 자료가 필요해진다. 따라서 이 시점부터는 경영전략의 수립을 도와줄 외부의 지원을 적극적으로 구할 필요가 있다.

3. 성장기 : 일단 매출이 발생하면 (회사는) 현금흐름이 가장 중요해진다.

양산을 통해 안정적인 매출이 발생하는 단계에 접어들었다면, 일반적으로 직원수가 오십 명 이상이 되어 있을 것이고 추가적인 사업아이템 발굴을 통한 새로운 기회의 창출도 필요해진다. 직원들에 대한 관리도 CEO 혼자 도맡아 하기에는 버거워지므로 조직 스스로 움직일 수 있게 하는 방법이 필요해진다.

그리고 무엇보다도 현금흐름 관리가 중요한 시기가 된다. 현금흐름이란 기업활동을 통해 나타나는 현금의 유입과 유출을 가리키는 말로서, 기업 생존을 위해 단기적으로 유동성을 확보하고 장기적으로 기업가치를 높이는 활동을 '현금흐름 경영'이라고 한다.

현금흐름은 발전을 위한 투자자금, 위기관리를 위한 자금이라는 측면에서 CEO가 관리해야 할 가장 핵심적인 요소 중 하나이다. 특히 경제변화가 심화되고 전 세계를 대상으로 하는 무한경쟁시대가 다가옴에 따라 현금 중심의 운전자본 관리에 집중해야 할 필요성이 더욱 커졌다. CEO가 현금흐름을 꿰고 있어야만 회사는 어떤 시점에서 투자가 가능하며 언제쯤 위기가 올지를 예측할 수 있다. 또한 내부적으로 가능한 수준까지 성장을 위한 현금을 확보하는 것이 가능해진다.

성장기에는 모든 주요 활동을 시스템을 토대로 진행해야 한다. 조직관리는 MBO와 BSC 등을 연계한 것 등과 같은 회사관리시스템을 통해 하며, 외부와의 사업협력을 위한 조건 체계도 미리 만들어 회사의 주요 인력들이 활용할 수 있도록 한다.

기업의 성장기에는 무엇보다도 현금흐름이 잘 관리될 수 있는 시스템을 만드는 것이 중요하다.

성장단계별 기업활동 요약

성장단계	창업기	개발기	성장기
회사규모	5명 내외	40명 이내	50명 이상
주수익원	창업자금, 용역	용역, 공공기술 개발자금, 투자유치	자체 매출, 투자유치
CEO의 활동방법	발로 뛰고 생각한다.	리더십과 카리스마로 승부한다.	매뉴얼과 시스템으로 관리한다.
핵심 과제	비즈니스 모델의 창조	창의적인 직장의 구성	시스템을 통한 현금 흐름관리
핵심 협력 대상	공공 지원기관	창업투자회사	민간사업 제휴파트너

성장단계에 따른 각 부문별 핵심과제

직원관리	채용	**교육훈련**	성과관리
상품개발	**비즈니스 모델 개발**	기술개발	기술협력
자금관리	창업자금 확보	설비자금 확보	**운영자금 확보**

용어해설

MBO: **목표관리법** Management by Objectives

종업원이 직속상사와 협의하여 과업목표를 구체적으로 결정하고, 이에 대한 성과를 부하와 상사가 함께 평가하는 방법

BSC: **균형 평가법** Balanced Score card

조직의 비전과 전략목표 실현을 위해 4가지(재무, 고객, 내부 프로세스, 학습과 성장) 관점의 성과지표를 도출하여 성과를 관리하는 체계로 단기목표인 재무와 장기적 목표가치간의 균형을 추구하는 성과관리 방법

친절한 창업 교과서

심재후 저 ● 한스앤리

『친절한 창업 교과서』는 예비 창업가들을 위한 창업 교과서이다. 어떻게 창업을 준비해야 하는지를 시작으로 성공적으로 관리하는 비결까지 창업에 필요한 모든 지식을 체계적으로 정리하였다. 남들과의 경쟁에서 승리할 수 있는 창업절차와 인터넷을 활용한 비즈니스 업그레이드 노하우까지 자세히 소개하였다. 먼저 1부에서는 우리나라의 창업환경 및 창업 키워드의 변천사, 창업가와 창업가 정신에 관해 살펴보며 창업을 하기 전에 기본적으로 알아야 할 배경지식을 전해준다. 2부에서는 소호 창업의 5단계, 즉 '사업 아이디어 계발 → 사업성 분석 → 추정 재무제표 작성 → 투자결정 및 재무제표 분석 → 사업계획서 작성'을 소개하였다. 그리고 3부에서는 소호 비즈니스의 실전, 4부에서는 인터넷 비즈니스를 위한 웹 사이트 구축, 마지막 5부에서는 인터넷 광고와 방문자 분석에 관해 자세히 설명한다. 물론 업종에 따라 인터넷의 활용 방법과 기대 효과에는 차이가 있을 수 있지만 오늘날 인터넷 활용의 여지가 없는 비즈니스란 없으므로 창업자라면 누구에게나 도움이 될 것이다.

목차

1. 창업 환경과 창업가
2. 소호 창업 5단계
3. 실전, 소호 비즈니스
4. 인터넷 비즈니스를 위한 웹사이트 구축
5. 인터넷 광고와 방문자 분석

이기는 결정

J. Edward Russo · Paul J. H. Schoemaker 저 ● 김명언, 최인철 옮김 ● 학지사

의사결정의 결정적인 순간에서 이기는 방법을 제시하는 로드맵 『이기는 결정』. 의사결정의 순간에 어떻게 하면 신속하고 올바른 결론으로 결정을 이끌어 낼 수 있을까? 경영전문가이자 의사결정 전문가인 저자들은 의사결정 이론 및 결정 분석에서부터 인공지능 및 문제해결, 집단 역학과 창의성에 이르기까지 다양한 지적 분야를 총망라해 의사결정에 대해 소개한다.

결정의 틀을 짓고 정보를 수집하고 결론에 도달하기까지의 과정을 상세하고 체계적으로 정리한 결정에 대한 지침서이다.

이기는 결정에 소개된 의사결정방법론은 여러 가지로 응용이 가능하며, 특별히 중소기업의 의사결정에 시사하는 바가 크다.

목차

1. 결정의 틀 짓기
2. 정보 수집하기
3. 결론에 도달하기
4. 경험으로부터 학습하기

Chapter

3

기술기업의 모범성장단계

기술기업의 모범성장 방법은

성공하는 모든 기술기업이 반드시 따르게 되는 모범성장단계가 존재할까? 물론 그런 것은 존재하지 않는다.

그러나, 기술기업의 성장 흐름에 대해 한국 정부에서 상정한 일종의 기준 프로세스는 있다. 세금을 내는 국민이라면, 이러한 프로그램을 잘 활용해 성공의 기반으로 삼는 것이 보람있는 일이 아닐까?

물론 이를 활용하는 것이 쉽지만은 않다. 공공지원 프로그램을 잘 활용하기 위해서는 먼저 자신의 성장로드맵을 만들어서 함께 운영할 필요가 있다. 그리고 이러한 일을 할 수 있도록 도와주는 것이 본서의 핵심 기획목적이다. 즉 자기만의 성장프로그램을 만들도록 안내하는 것이다. 이를 직접 만들어 보는 과정은 본서의 3부에서 검토하기로 하고, 여기에서는 먼저 우리 정부가 어떻게 기업을 성장시키는지에 대해 확인해보자.

정부는 우리나라의 기술기업이 대략 **「아이디어 구체화시기 → 창업시기 → 기술개발시기 → 상품개발 및 상품화시기 → 양산화시기 → 시장개척시기 → 투자유치 시기 → 도약기」** 등을 거쳐서 중견기업으로 성장한다고 가정하고 지원프로그램을 구성하고 있다.

본 장에서는 각 단계의 특징이 무엇이며 이를 위한 정책지원프로그램에는 어떤 것이 있는지 확인해보자. 이를 통해 각 단계의 목표에 맞는 정부의 정책적 지원과 이를 활용하기 위해 개인이 해야 할 노력 등에 대해 고민해볼 수 있다.

1. 창업을 지원하는 다양한 프로그램이 있다.

우리나라에서의 기술창업은 일반적으로 대학에서 이루어진다. 때문에 각 대학에는 창업보육센터가 있으며, 창의적인 학생 혹은 창업희망자가 심사를 통해 입주해서 기술개발에 전념하도록 지원한다. 이를 위한 다양한 프로그램들이 존재하는데, 대표적으로 예비기술창업자 육성사업이 있다. 이 사업은 2011년 기준 5천만 원 이내에서 전국 100여 개 기업(혹은 팀)의 창업을 지원하고 있다.

2. 기술개발을 통한 사업의 고도화 지원을 위해 다양한 R&D지원사업을 한다.

정부에서는 기업으로 하여금 다양한 국가기술개발과제를 수행하도록 함으로써 기업의 기술개발과 사업의 고도화 기회를 함께 촉진할 수 있는 제도를 많이 운영하고 있다. 기업은 이를 바탕으로 기술을 개발하여 양산 가능한 상품을 만들고, 정책금융공사(구 산업은행)의 시설지원자금을 활용해 생산시설을 구축할 수 있다. 또한 테크노파크 같은 Post-BI기관에 입주한다면 보다 체계적인 지원을 받을 수 있다.

3. 중견기업으로 성장하기 위한 프로그램은 다소 부족하다.

이와 관련된 프로그램은 대부분 투자자 미팅 프로그램 혹은 해외마케팅 지원으로 한정되고, 실속 있는 지원이 되지 못하는 경우가 대부분이다. 2011년 12월 발표된 지식경제부의 중견기업 육성프로그램에 따르면 중소기업을 졸업한 기업에게도 보다 많은 지원을 약속하고 있으니, 향후 더 다양한 프로그램의 개발을 기대해보자.

한국 기업의 모범성장 단계

요약

창업기에는 아이디어를 가진 창업자가 동료와 함께(혹은 혼자서) 비즈니스 모델을 구체화하고, 이를 토대로 법인을 설립한 후, 직원채용을 하고 정책자금으로 기반을 구축하는 것이 가장 이상적인 코스이다. 이 단계의 핵심은 비즈니스 모델을 구축하는 것이다.

개발기의 핵심은 교육훈련이다. 일단 정책자금을 통해 확보된 자금으로 고유한 기술 혹은 상품을 확보하자. 그런 후에는 어떻게든 직원들이 생산 혹은 사업과 관련된 노하우를 익혀서 경쟁력있는 가격에 제공할 수 있게 하는 것이 성공의 관건이다. 양산할 수 있을 정도의 노하우와 기술개발이 진행되었으면, 자금유치를 통해 다음 단계로 발전할 수 있다.

성장기의 핵심은 현금흐름을 안정적으로 관리할 수 있는 체계를 갖추는 것이다. 기본적으로 현금흐름을 관리할 수 있는 체계가 구축되면, 회사 내의 성과관리체계를 도입하여 안정적인 조직체계를 갖춰야 한다. 이러한 토대 위에서 외부와의 제휴를 통해 새로운 상품을 개발할 수 있는 역량을 축적할 수 있다.

한국 기술기업의 모범성장단계 외부 활동 중심내용 요약

정부의 정책적인 지원프로그램을 분석하면, 한국의 기술기업은 일반적으로 다음과 같은 단계를 거쳐서 성장하는 것으로 가정하고 있다는 것을 알 수 있다. 실제로는 이에서 벗어나는 경우도 많이 있겠으나, 기본적인 프로세스로 참고해보자.

	아이디어 구체화	창업	기술개발	상품화
기업의 주요활동	○ 아이디어를 구체화하는 활동	○ 회사를 설립하고 실제로 비즈니스 모델을 만드는 활동	○ 비즈니스 모델을 기초로 기술개발활동을 진행	○ 개발된 기술을 기초로 판매 가능한 상품을 구성
정부의 지원활동들	○ 아이디어 경진 대회, 창업보육동아리 운영 등	○ 대학교 창업보육센터 입주, 창업지원자금	○ 기술개발지원자금	○ 시상품 제작지원, 지식서비스(디자인) 등 중진공 정책자금 융자

정부의 정책지원프로그램은 기술기업이 아래과 같은 단계별 프로세스를 거쳐 성장한다는 전제 하에 구성되어 있다.
그러나 이는 각 기업의 내부역량을 어떻게 강화하여 사업활동을 진행할 것인지를 고려한 프로세스는 아니므로, 회사의 핵심자원인 직원, 상품개발, 자금, 매출원 등을 중심으로 재검토해볼 필요가 있다. 이를 다음 페이지에서 살펴보자.

양산화	마케팅	투자유치	다각화
○ 판매할 상품을 생산할 수 있는 공장 확보 등	○ 생산된 상품을 판매할 수 있는 시장개척	○ 기업성장을 위해서 필요한 추가 자금을 유치	○ 사업 다각화, 기업의 핵심먹거리 확대 등을 위한 M&A, 기술이전 등
○ 테크노파크 입주, 공용시설 활용, 정책금융공사 시설자금	○ 해외시장개척, CI/BI 브로슈어 제작등	○ 기술투자마켓 운영, IR 지원 프로그램	○ 기술이전센터 운영 등

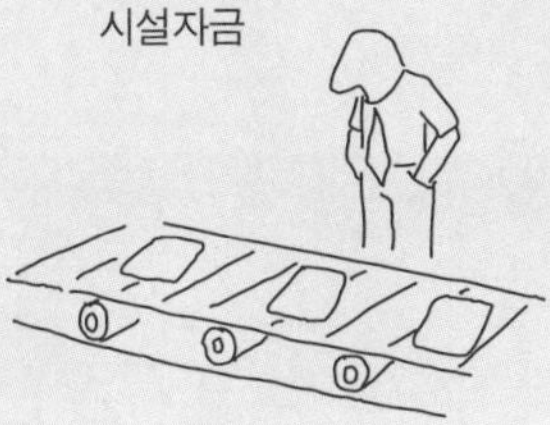

한국 기술기업의 모범성장단계 외부 활동 중심내용 요약

인재육성, 상품개발, 자금관리 부문에서 기업의 성장단계별로 기업의 역할을 표시하였다. 이는 기술기업의 모범성장단계를 직원, 상품, 자금확보를 위한 역량 강화와 매출 측면에서 다시 정리한 것이다. 연두색으로 음영처리 된 항목이 각 성장기별로 가장 중요하다.

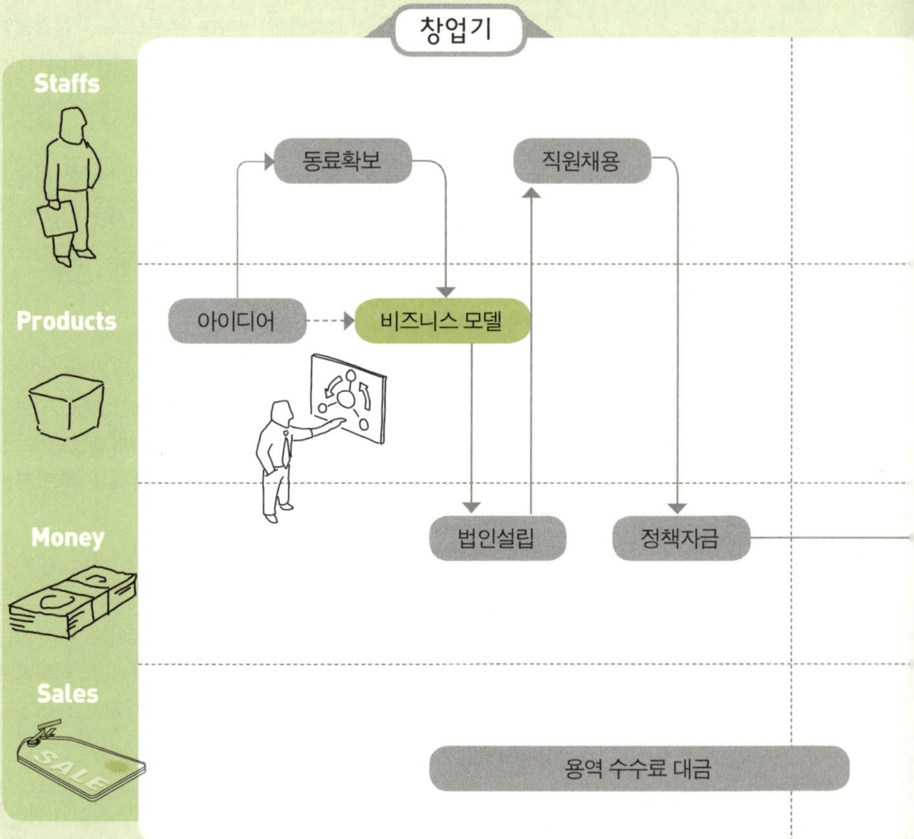

기술기업의 발전단계를 내부역량 강화 측면에서 표시하면 아래 그림과 같다. 창업을 하는 코스는 조금씩 다를 수 있으나, 발전기와 성장기의 경우 그림과 같은 경로가 비용과 시간을 줄이는 정상적인 성장의 길이다.

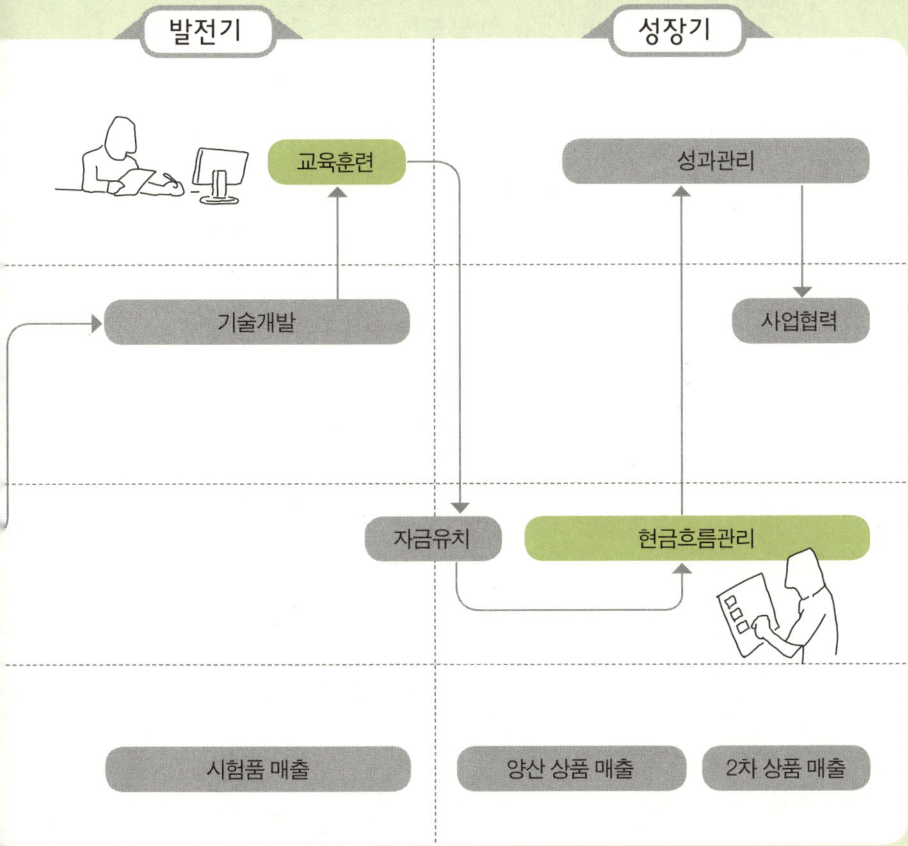

다음의 웹사이트들은 정책지원프로그램과 관련하여 자주 방문해서 확인해야 할 포탈 및 홈페이지이다. 한국에서 중소기업을 경영한다면, 특히 지방에서 한다면 수시로 정부의 정책프로그램을 확인하는 것이 필요하다.

국가 기업지원정보 포탈

http://www.g4b.go.kr/

정부에서 주관하는 모든 기업지원 정보를 모아놓은 사이트이다. 운영초기에 비해 내용이 많이 충실해졌다. 회원가입 후 카테고리 등록을 하면, 귀찮을 정도로 자주 관련 정보가 온다.

반드시 가입해서 활용할 필요가 있는 사이트이다. 만약 관련 웹사이트들 중 단 하나만 가입해야 한다면, 이곳에 가입해야 한다.

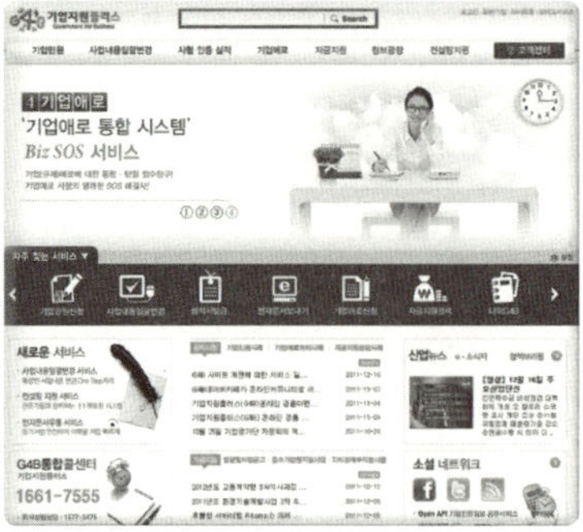

창업진흥원

http://www.kised.or.kr/

중기청 산하기관인 창업진흥원의 주요 업무를 소개하는 사이트이다. 창업과 관련한 다양한 정보를 모아놓았다.

창업을 희망하거나 창업한지 얼마 되지 않은 경우에 활용하면 좋다.

전국 테크노파크 홈페이지 주소

각 시도에 있는 테크노파크의 홈페이지와 위치이다. 테크노파크는 국토의 균형발전을 목적으로 각 시도의 전략산업 육성을 책임지고 있는 기관이다. 특히 기술기업은 테크노파크가 보유한 장비, 시설, 정책지원 프로그램을 활용하면 좋다. 자기 지역의 테크노파크 홈페이지는 자주 방문하자.

C h e c k P o i n t

2부

회사의 핵심역량을 강화하자

Chapter

1

Staffs

직원을 잡자! 키우자! 조직하자!

인재경영 - 사람을 잘 써야 성공할 수 있다.

모든 것은 사람이 좌우한다. 기술기업을 경영한다고 해서 사람의 중요성이 떨어지는 것은 아니다. 오히려 어떤 면에서는 일반 기업보다 더욱 사람이 중요하다.

그러나 사람을 얻는 일은 쉽지 않다. 이는 많은 CEO들이 가장 크게 벽에 부딪히는 부분이기도 하다. "어떻게 직원들을 회사가 원하는 방향으로 인도할 것인가", "어떻게 하면 직원들의 충성도를 이끌어낼 수 있을 것인가", " 어떻게 직원들의 역량을 키울 수 있는가" 등과 같이 기업인들의 가장 핵심적인 고민들은 언제나 사람으로 귀결된다.

기술기업은 사업초기부터 기술이 중요한 요소로 등장하므로, 결국 기술인력이 기업경영의 핵심적 요소로 자리잡게 된다. 사람이 부족해 좋은 일감을 포기해야만 하는 가슴 아픈 상황은 기업을 운영하는 CEO라면 누구나 겪는 일이다.

본 장에서는 이러한 '사람'과 관련하여 기업의 성장단계에 따라 어떤 부분에 신경을 쓰고 무엇에 관심을 가져야 하는지에 대해 검토해 보고자 한다.

1. 우리는 어떻게 필요한 사람을 뽑을 수 있는가?

회사의 직원채용은 비용이 많이 들어가는 작업이다. 각 기업의 급여수준에 따라 다르겠으나 일반적으로 한 사람을 채용해서 정년까지 계속 고용한다면, 15억 원에서 30억 원의 비용을 지출하게 된다고 한다.

만약 채용에 실패한다면, 채용을 위한 직접 비용과 면접에 들어간 시간 등에 대한 기회비용의 손실은 물론, 필요한 시점에 적절한 인력을 쓰지 못함으로써 생긴 사업기회의 손실까지 감당해야 한다. 따라서 채용 과정에서부터 시스템을 잘 확립하여 시행착오를 줄이는 것이 매우 중요하다. 그렇다면 채용 과정에서 가장 중요한 것은 무엇일까?

전문가들이 조언하기를, 채용을 위해서는 회사가 많은 준비를 해야 한다고 한다. 즉, 회사가 직원을 선택하는 것이 아니라 직원이 회사를 선택할 수 있도록 대비해야 한다는 것이다. 유능한 신입직원에게 선택받을 수 있는 회사가 되었다면, 이미 성공을 위한 가장 중요한 디딤돌은 놓인 것이나 다름없다.

2. 능력 있는 직원이 있는 회사는 무엇이 다른가?

왜 다른 회사에만 저렇게 능력 있는 직원이 있을까, 하고 부러워해보지 않은 사장은 없을 것이다. 그러나 그런 직원을 데려오기 위해서는 비용이 많이 들기 마련이며, 따라서 기존 직원들과의 조율에 어려움이 생기게 된다. 즉 새로운 직원의 채용보다는 기존 직원들의 능력을 키우는 것이 더욱 중요하다. 이러한 활동은 자발적으로 이루어져야 효과가 있다. 그러므로 직원들 스스로 자신의 계발을 하도록 돕는 것은 기업 성공의 또 다른 지렛대가 된다.

3. 어떻게 스스로 일하는 조직을 만들 것인가?

직원들이 자발적으로 일하도록 하는 조직은 어떻게 만들어지는가? 어떻게 직원들의 지식을 조직화할 수 있는 체계를 구성할 것인가? 지금부터 직원들에게 동기부여를 할 수 있는 방법에 대해 알아보자.

인재경영을 위한 핵심 체크포인트

1. 채용에는 준비가 필요하다.

채용과 관련하여 흔히 하는 착각 중의 하나는 채용과정을 회사가 직원을 뽑는 것이라고 생각하는 것이다. 이는 적절한 생각이 아니다. 즉 회사가 직원을 뽑는 것이 아니라, 직원이 회사를 선택하는 것이다. 그렇다면 회사는 우수한 예비직원들로부터 선택 받기 위해 무엇을 해야 하는가? 어떠한 자세를 가져야 선택될 수 있을까?

먼저 우리 회사를 선택해준 직원에게 감사하고 모든 구성원들을 가족처럼 받아들이는 자세가 필요하다. 뿐만 아니라 회사는 예비직원들에게 선택되기 위해 많은 준비를 해야 한다. 즉 그들이 자발적으로 소속되기를 원하고 자신의 능력을 최대한 발휘할 수 있도록 한다. 이를 위해서는 조직의 체계 및 복지가 예비직원 및 직원들에 대한 동기부여에 적합한지 고민해야 한다.

2. 교육훈련이 곧 중소기업식 지식경영이다.

지금은 지식경영의 시대이다. 일본 히토쓰바시대학 명예교수인 노나카 이쿠지로가 제시한 지식경영의 근본도 결국은 회사 내의 지적 자산을 어떻게 키우고 조직화할 것인가 하는 문제로 귀결된다.

그러나 영세한 규모의 중소기업에서 이러한 지식경영시스템을 구현하는 것은 쉽지 않은 일이다. 때문에 회사 내의 자기계발을 위한 분위기 조성이 중요하며, 이를 잘 이끌 수 있는 교육훈련 프로그램을 마련하는 것이 필요하다.

특히 교육훈련 프로그램을 스스로 개발하기 어려운 중소기업의 형편을 감안한다면, 산업인력관리공단, 테크노파크와 같은 지역 공공기관에서 진행하는 교육훈련 프로그램에 참여하는 것이 중소기업이 할 수 있는 가장 쉬우면서도 효과적인 지식경영이라고 할 수 있다.

3. 공정한 성과관리 없이 안정적인 회사운영은 없다.

CEO가 자신의 카리스마나 개인기만으로 직원 전체를 관리하기 어려워졌다면, 이제 새로운 인사관리 혹은 조직관리시스템이 필요한 시점이 된 것이다.

일반적으로 이를 위해서 많은 기업들이 채택하는 방식은 성과관리시스템이다. 최근 유행하고 있는 BSC(Balanced Score Card)는 일반적으로 많이 사용하는 재무적 성과지표 외에 고객관계, 내부 프로세스의 효율성, 학습과 성장 등 4가지를 종합적으로 보여주는 체계를 갖추고 있다.

인재경영을 위한 핵심 전략

관리 대상	채용	교육훈련	성과관리
핵심 목표	우수직원 채용	전문가 육성	스스로 일하도록 성과체계 갖추기
달성 방법	회사의 비전과 모토	같이 발전하는 회사분위기 만들기	동기부여
활동의 결과 점검	신입직원 만족도 면담	스스로 자기발전교육에 참여하는 직원의 비율	성과관리체계 만족도 조사

CEO의 인사관리 전체 구성도

회사의 인사관리활동을 요약한 그림이다.
CEO로 대표되는 회사는 능력 있는 직원이 오고 싶어할 좋은 회사의 이미지를 구축하는 한편 기존 직원들이 스스로 발전할 수 있는 환경을 만들어주고, 능동적으로 일하는 성과관리체계를 구성해야 한다.

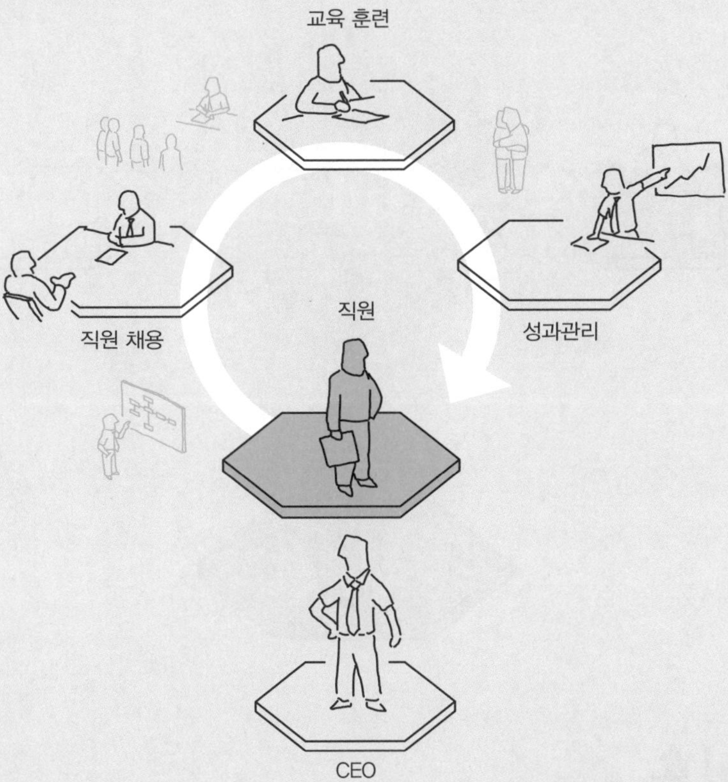

{ CEO는 비전프레임을 통해 스스로 발전하는 조직을 만든다. }

채용

우수한 직원을 채용하기 위해서는 회사에서 많은 준비를 해야 한다. 특히 외부 홍보자료 및 웹사이트 등을 통해 회사에 대한 긍정적인 면을 부각시킬 수 있도록 하는 것이 중요하다.

준비된 채용이 준비된 인재를 선발할 수 있다.

앞서 언급했던 바와 같이, 결국 가장 중요한 것은 사람이다. 그러므로 조직에 필요한 사람을 선발하는 직원채용은 모든 기업에게 가장 중요한 과정 중 하나이다.

가만히 앉아만 있다면 좋은 직원은 들어오지 않는다. 특히 요즘처럼 경쟁이 치열한 기업 환경 속에서 각 기업들은 자신의 회사에 인재를 끌어들이기 위해 많은 준비를 해야 한다.

대다수의 예비직원들은 취업을 희망하는 회사들에 대한 많은 정보 입수와 비교 분석 끝에 지원할 회사를 선택하게 된다. 때문에 먼저 이들에게 취업하고 싶은, 장기적으로 소속되고 싶고 일하고 싶은 회사로 보이는 것이 중요하다. 이를 위해서는 외부에서 회사에 대한 이미지와 정보를 알아볼 수 있는 모든 루트들을 공략해야 할 것이다.

1. 직원이 근무하고 싶은 회사의 발전전략과 성장전략은 무엇인가?

예비직원들로 하여금 우리 회사를 자신이 근무하고 싶은 회사로 인식하도록 하기 위해서는 무엇이 필요할까?

대다수의 사람들은 발전 가능성이 있는 회사, 경쟁력이 있는 회사, 그리고 자신의 능력을 마음껏 발휘할 수 있으며 장기적으로 회사 생활을 할 수 있도록 복지 혜택이 잘 되어 있는 회사, 인간적인 존중을 받을 수 있는 회사를 선호한다. 또한 입사 후에도 계속해서 다양한 지원 및 교육을 통해 자기 계발이 가능한 회사에 근무하기를 원한다.

따라서 기업의 CEO는 이 점을 염두에 두고 직원들 개개인이 자기 계발을 할 수 있으며 그것이 기업의 장기적인 발전과 연계될 수 있게 하는 전략을 수립해야 할 것이다.

2. 우수인재를 채용하기 위해 무엇을 준비할 것인가?

예비직원들은 회사에 지원하기 전에 그 회사에 대한 사전정보를 수집한다. 그것은 보통 외부에 공개된 기업에 대한 홍보자료, 홈페이지나 블로그, 카페 등을 통해 이루어지므로 기업은 이에 미리 대비할 수 있다. 우수한 인재가 우리 회사를 선택할 수 있도록 모든 루트를 통해 만반의 준비를 해야 한다.

3. 우수한 직원을 뽑아 놓고 내쫓지는 않는가?

우수한 직원을 뽑는 것도 중요하지만, 그보다 더 중요한 것은 채용한 직원을 장기적으로 개발시키고 자신의 능력을 발휘할 수 있도록 돕는 것이다. 입사한 직원에게 발전이 없다면, 그것은 대부분 회사의 책임이다. 우수한 직원이 자신에 대한 교육 및 지원과 복지가 부족해 실망한 채 떠나는 경우가 많다. 따라서 직원들에 대한 지속적인 관리 및 지원이 이루어질 수 있도록 노력해야 한다.

준비된 회사의 채용과정

요약

좋은 회사의 이미지를 만들기 위한 전략이 필요하다.
발전적인 모토와 비전에 따라 기업을 운영하면 우수한 직원이 모일 것이고, 자연히 회사의 성공 가능성도 보다 높아진다. 웹사이트, 블로그, 카페 등 외부에 회사를 긍정적으로 인식시킬 수 있는 도구를 준비한다.

꼼꼼하고 사려 깊게 준비하자.
인터넷 등을 활용하여 예비직원들이 회사의 비전 및 회사에 대한 사전정보를 얻을 수 있는 공간을 준비한다. 또한 채용은 중요한 과정이므로, 이에 관련한 프로세스도 꼼꼼하게 준비한다.

신입직원들을 능력 있는 직원으로 키우자.
신입직원이 우수한 직원으로 성장하지 못하는 것은 대부분 직원 탓이기보다는 회사 탓이다. 지속적으로 회사와 일에 대해 배울 수 있는 방법, 능력을 키울 수 있는 방법을 만들어야 한다.

준비된 회사의 채용과정 구성도

채용과정과 관련하여 회사가 준비해야 하는 여러 가지 활동들을 표시하였다.

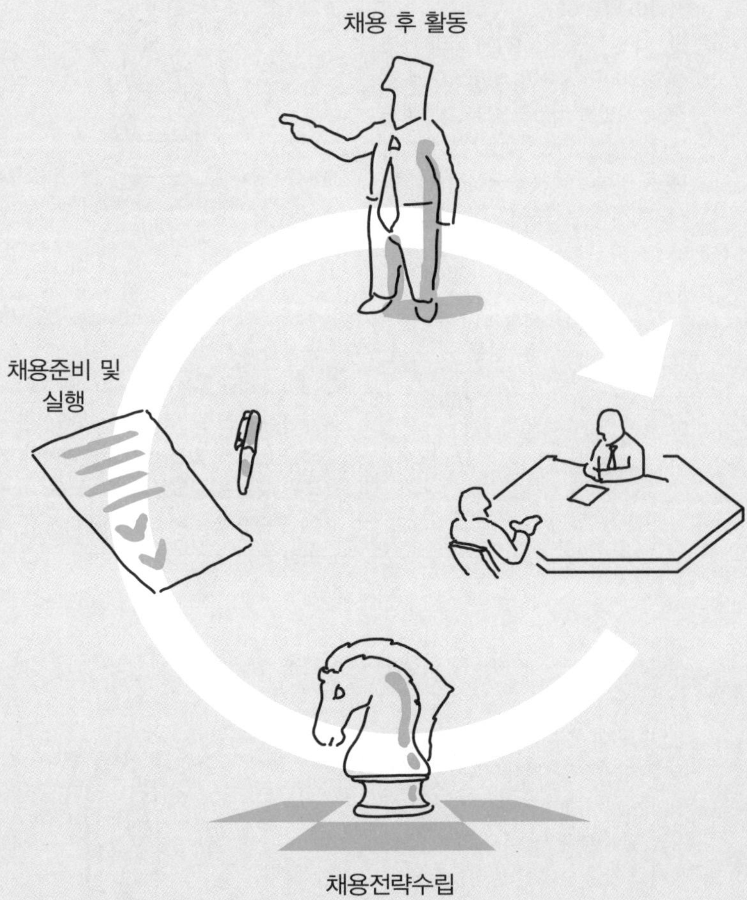

회사가 채용전략 수립, 채용준비활동, 채용후 활동 등을 유기적으로 수행해야만, 우수한 직원으로부터 선택받을 수 있다.

채용활동

목적 : 우수직원 채용

성공적인 채용을 위한 핵심 체크포인트

1. 채용을 위한 전략, 직원을 위한 전략프레임을 만들자.

큰 의미에서의 채용과정은 회사에 대한 긍정적인 이미지를 외부에 알리고 직원들을 모집하는 채용준비 과정과 실제 채용활동, 그리고 채용 후의 관리까지를 모두 포괄하는 것으로 이해할 수 있다. 그리고 이러한 과정은 전체 직원을 관리하는 인사관리시스템에 포함되어야 한다.

채용은 기업의 운영 및 발전에 있어 가장 중요한 첫 번째 과업이므로 성공채용을 위한 전략이 필요하다. 회사의 좋은 이미지를 만들기 위한 전략, 실제 채용과정을 효과적이고 원활하게 진행하기 위한 전략, 그리고 채용 후 중장기적인 직원 관리를 위한 전략이 바로 그것이다. 실제 채용활동에서는 서류심사와 면접, 인터넷을 활용하는 방법 등 다양한 방식의 활용이 가능하므로 어떤 단계에서 어떤 방법을 활용할 것이며 각 단계에서 어떤 것을 주안점으로 둘 것인지를 결정하는 것도 중요하다. 또한 모든 채용과정에는 문서로 규정된 프로세스가 필요하다.

2. 채용준비를 하지 않고, 우수직원을 기대하지 말자.

기업을 둘러싼 환경이 점차 무한경쟁 체제로 돌입하면서, 각 기업들은 우수한 직원을 채용하기 위해 다방면에서 경쟁을 하고 있다. 중소기업으로서 파격적인 임금조건을 제시하기란 쉽지 않은 일이기도 하지만, 더 이상 임금만으로는 예비직원들의 마음을 끌기 어려운 시대가 되었다.

따라서 기업들은 성장 가능성이 높은 회사의 비전과 전략, 체계적인 복리후생과 자기 계발의 기회, 인간적인 회사 분위기 등 다양한 매력을 앞세워 우수 직원의 채용에 힘쓰고 있다.

3. 우수한 직원으로 키우기 위해서는 채용 후 관리가 중요하다.

앞서 언급한 바와 같이 넓은 의미의 채용과정은 채용 후의 직원관리를 포함하며, 이는 실제 채용활동보다도 더 중요한 과정이라 할 수 있다.

신입직원에 대한 선배 직원의 교육, 직장에 빠르고 원활하게 적응하게 하기 위한 실습과 별도의 교육 프로그램들을 운영하는 것이 좋다. 특히 신입직원을 위한 체계화된 교육훈련 프로그램이 있어 지속적으로 활용할 수 있다면 효과적일 것이다. 또한 직장에 어느 정도 적응한 후에도 지속적인 교육 및 자기계발 프로그램을 통해 능력을 신장시킬 수 있도록 지원해야 한다.

체크포인트 ❶

관리 대상	항목	체크
회사의 비전과 성장전략	예비직원에게 회사의 비전과 성장전략을 바로 설명할 수 있다.	
	회사의 비전과 성장전략을 설명한 책자/브로셔가 있다.	
	회사의 비전과 성장전략을 웹사이트 혹은 블로그 등 인터넷을 통해 알려주고 있다.	
채용준비 활동	직무/직책/직급 별로 적합한 채용프로세스를 준비한다.	
	문서로 규정화되어 있지는 않지만, 채용과 관련한 프로세스가 있다.	
	문서로 규정된 채용 프로세스가 있으며, 이에는 평점 기준 등이 있다.	
신입직원 교육훈련 (사후관리)	신입직원 교육은 선배 직원이 실습형태로 진행한다.	
	직무에 맞는 별도의 교육 프로그램이 있다.	
	정형화된 신입직원 교육훈련 프로그램이 있다.	

채용의 교과서 – 대한민국 인재 채용 지침서

이병철 저 ● 북메이드

『채용의 교과서』는 단순히 결원을 보충하는 직원 모집이 아닌 우수한 인재를 뽑을 수 있는 채용 전반의 과정을 담은 책이다. 회사가 채용에 임하는 자세부터 면접관 교육, 전형준비, 인재모집, 서류전형, 면접전형 등 체계적인 채용 프로세스를 구축하는 방법을 알려준다. 현재 인사컨설팅의 대표 주자로서 대기업·중소기업을 막론하고 관련 컨설팅을 담당하고 있는 저자가 지금껏 범해온 채용의 오류들을 자세히 살핀 후, 기업이념에 맞는 인재상 설정부터 올바른 서류전형과 면접전형 등에 대해 다양한 예와 함께 알기 쉽게 풀어 썼다.

특히 기업별 기밀로 쉬쉬하는 면접 평가표의 양식과 면접 시 인물 평가 방법, 유형별 면접 문항 체크 리스트, 면접질문을 통한 지원자의 성격파악법 등 구직자에게 더 솔깃한 채용 정보도 가득하다.

채용의 시작부터 끝까지 모든 것을 자세하게 언급한 그야말로 교과서 같은 책이다. 회사의 CEO부터 인사담당자까지 모두에게 좋은 지침이 될 수 있을 것이다.

목차

1. 채용의 목적과 중요성
2. 회사를 변화시키는 첫걸음 - 채용
3. 회사의 미래를 책임지는 채용 면접관
4. 채용의 흐름 - 전형준비
5. 채용의 흐름 - 인재모집
6. 채용의 흐름 - 서류전형
7. 채용의 흐름 - 면접전형

기업 소셜미디어 활용 전략

닉 스미스, 로버트 월런, 캐서린 주 저 ● 액센츄어 코리아 옮김 ● 에이콘

소셜미디어를 제대로 활용하기 위해 알아야 할 모든 것! 『기업 소셜미디어 활용 전략』은 기업 전반에 걸쳐 소셜미디어 전략을 적용하는 방법을 분명하고 구체적으로 설명한 기업용 소셜미디어 활용 가이드북이다. 저자들은 기업의 입장에서 소셜미디어가 왜 중요한지, 성공적인 결과물을 얻기 위해 기업이 투자해야 할 자원은 무엇인지, 어떻게 하면 수익을 최대로 늘일 수 있는지, 소셜미디어를 통해 고객 관리 및 조직에서의 가치를 창출할 수 있는 명확한 가이드가 무엇인지 등에 대해 세세하게 분석했다. 더불어 IT, 고객 서비스, 판매, 커뮤니케이션 외에도 정책, 절차, 역할과 책임, 지표, 전략, 인센티브, 발생할 수 있는 법률 문제 등 기업이 겪어야 하는 다양한 문제들에 대해 설명하고 있다.

예비 신입직원이 회사에 대해 좋은 이미지를 갖도록 만드는 데에도 참고할 수 있다.

목차

1부. 기업을 위한 소셜미디어 전략
2부. 소셜미디어에서의 마케팅과 판매
3부. 소셜미디어를 이용한 고객 서비스와 지원
4부. 파일럿 시기 이후: 변화 대응이 신속한 디지털 기업의 핵심 요소
5부. 소셜미디어 성공을 위한 직원 능력 강화

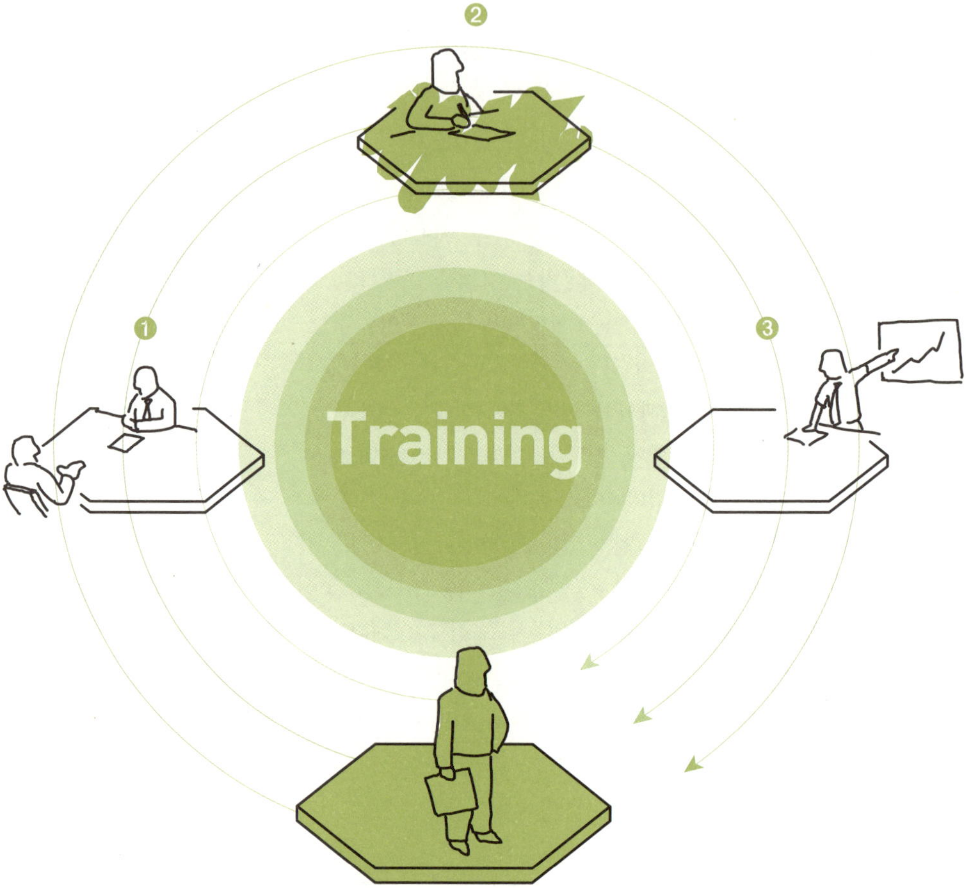

교육

우수한 직원을 뽑는 것도 중요하지만, 그보다 더 중요한 것은 채용한 직원을 장기적으로 개발시키고 자신의 능력을 발휘할 수 있도록 돕는 것이다. 회사 전체를 공부하는 분위기로 만들고, 직원들이 지속적인 자기계발과 성장을 할 수 있도록 지원한다.

전문가는 오는 것이 아니라 만들어지는 것이다.

오늘날 기업 경영의 핵심은 지식경영이다. 기업이 추진하고 있는 사업과 관련된 각 직원들의 지식은 물론 그 지식들이 조직화되어 기업활동을 위한 전략적 경영의 바탕이 되는 것이 중요하다. 이러한 지식의 체계를 갖추는 것이 회사 성장의 기본이자 최적의 조건이 된다.

그런데 이러한 지식을 갖춘 전문가, 능력 있는 직원은 저절로 나타나는 것이 아니라 회사 차원의 교육과 지원을 통해 만들어진다. 회사 차원의 목표의식을 공유하고 구성원들 모두가 서로의 발전을 자극하는 분위기 속에서 체계적인 교육을 받고 자기 계발을 위해 노력한다면, 그 회사의 구성원들은 자연히 전문가 집단으로 성장할 것이다.

1. 회사의 분위기를 어떻게 만들 것인가?

직원들 각자가 자기 계발을 위한 공부와 노력을 하도록 유도하기 위해서는 회사 전체를 공부하는 분위기로 만드는 것이 중요하다. 일반적으로 자기 발전과 성장에 관심을 가지고 노력하는 사람들이 주변에 많이 있으면 본인 역시 자연스럽게 노력하게 되기 때문이다.

따라서 회사에서는 CEO 등 경영진부터 자기 발전을 위한 스터디와 세미나를 활성화하고 솔선수범함으로써 발전을 자극하는 사내 분위기를 형성해야 한다. 만약 자체적인 진행이 어렵다면 외부전문가를 초빙하여 사내 세미나를 열고 직원들간에 학습분위기가 활성화 될 수 있도록 한다.

2. 회사는 어떤 목표를 가질 것인가?

직원 개인의 목표와 발전도 중요하지만, 그것이 회사 차원의 발전과 성장으로 이어질 수 있도록 유도하기 위해서는 먼저 회사차원의 목표를 만들어야 한다.

회사는 추진하는 사업에 대한 매출목표는 물론, 각 분야에 어떤 전문가가 얼마나 필요한지에 대한 인력수급 로드맵을 만들고 이를 전체 직원들과 공유해야 한다. 이로써 직원들로 하여금 회사의 성장로드맵과 부합하는 자신의 성장로드맵을 가질 수 있도록 유도할 수 있기 때문이다.

3. 지식경영을 위해서는 무엇이 필요한가?

요즘 기업들의 경영전략 추세는 지식경영이다. 즉 어떤 분야의 기업이든 직원들이 가진 지식을 조직화하여 경영 시스템 및 사업의 수단으로 활용하는 것을 가장 핵심적인 사업 전략으로 여긴다.

지식경영을 위해 가장 중요한 것은 교육훈련이다. 회사 내에서 교육훈련을 위한 여러 가지 프로그램을 운영하는 것이 가장 좋다. 그러나, 중소기업의 입장에서는 자체적인 진행이 쉽지 않으므로 외부의 프로그램을 적극적으로 활용한다. 중소기업에게는 외부로부터의 교육훈련, 내부 세미나, 스터디 등이 곧 지식경영이며, 지식경영활동이 바로 회사성장의 지름길이다. 지금 바로 실행해보자.

교육훈련을 통한 지식경영

요약

회사 전체를 공부하는 분위기로 유도한다.
직원들을 스스로 공부하게 유도하기 위해서는 자기발전과 성장에 관심을 갖고 노력하는 사람이 주위에 많은 것이 좋다. 따라서 CEO 등 경영진부터 발전을 위한 스터디와 세미나를 활성화해야 한다.

회사차원의 목표의식이 필요하다.
회사는 회사의 매출목표와 함께 어떤 분야의 전문가가 얼마나 필요한지를 밝히는 인력계획, 즉 인력수급 로드맵을 만들어 밝히고, 직원들이 이에 맞춰서 자신의 성장로드맵을 가질 수 있도록 유도해야 한다.

교육훈련이 곧 지식경영이다.
회사 내에서 교육훈련을 위한 여러 가지 프로그램을 운영하면 좋다. 중소기업의 경우 외부로부터의 교육훈련, 내부 세미나, 스터디가 곧 지식경영이며, 그것이 바로 회사성장의 지름길이다.

교육훈련을 통한 지식경영 구성도

회사가 지식경영을 할 수 있다면 변화가 빠른 현대에 적응하기 쉽다. 중소기업의 지식경영에는 교육훈련이 기본이 된다.

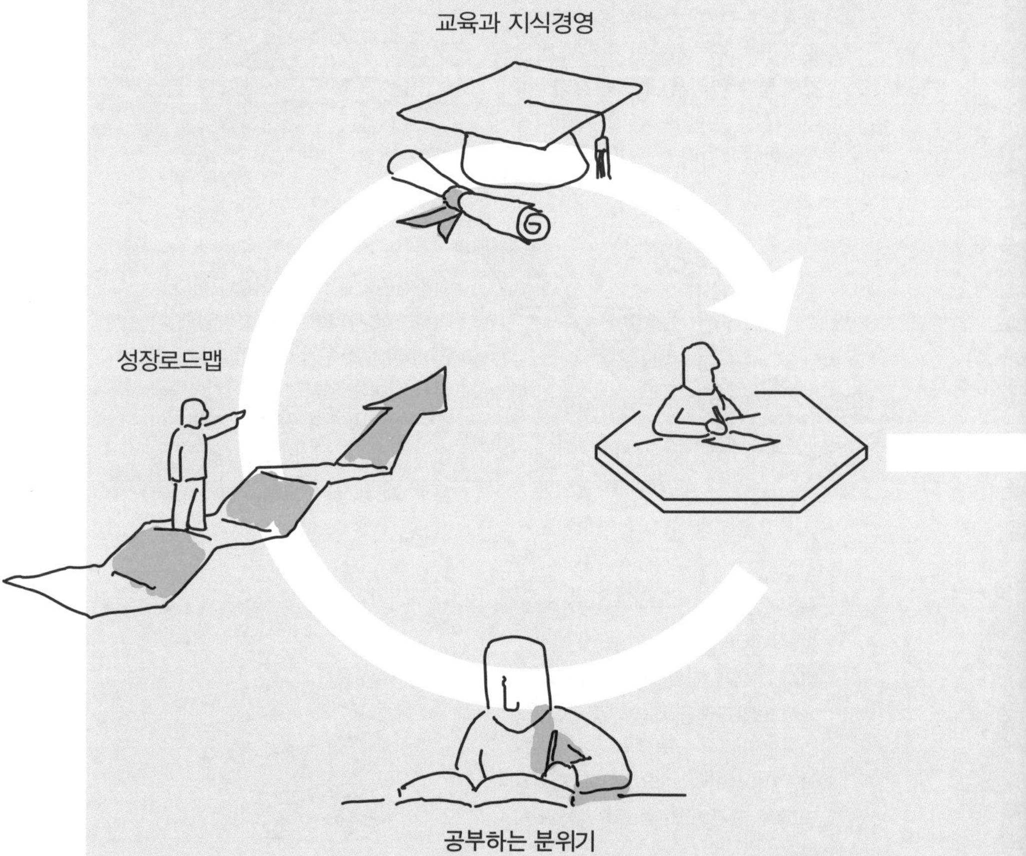

회사는 우수직원의 육성을 위해 회사 내에 공부하는 분위기를 조성하고, 기업차원의 목표 수립은 물론 개인별 교육훈련을 통해 지식경영이라는 큰 목표를 이룰 수 있다.

교육훈련

목적 : 전문가 육성

성공적인 교육훈련을 위한 핵심 체크포인트

1. 사장부터 공부해야 한다.

앞서 언급한 바와 같이 직원들이 스스로 공부하고 성장할 수 있도록 유도하기 위해서는 사내의 분위기를 학습의 분위기로 만드는 것이 중요하다. 그것은 각종 교육 훈련 프로그램이나 내·외부의 실습 등을 통해 꾸준한 기회를 만듦으로써 이루어지기도 하지만, 무엇보다 기업의 리더가 먼저 솔선하여 분위기를 조성하는 것이 필요하다.

CEO와 임원들이 주최 및 참여하는 정기적인 스터디 모임, 각종 세미나 등을 권장하는 프로그램을 만들어 운영하는 것이 효과적이다. 뿐만 아니라 CEO나 임원들 각자가 개인적으로 모범을 보이는 것도 중요하다.

2. 기업의 성장로드맵에 맞춰 직원 스스로 성장로드맵을 만들게 한다.

회사 목표 및 성장로드맵을 만들고 이를 직원들 모두와 공유한다. 현재 추진하고 있는 사업에 관련된 상품 및 기술 개발에 대한 로드맵을 사내에 공개하여 모두가 공유하게 하는 것은 물론, 그 내용에 따라 각자가 자신의 역할을 다 할 수 있도록 개별 계획을 수립하도록 해야 한다.

즉 각 직원들 모두가 기업의 성장로드맵을 토대로 한 자신만의 성장로드맵을 만들 수 있도록 유도한다. 이는 기업의 단·장기적인 목표를 공유하고 이를 위한 각자의 역할을 할 수 있는 체계를 만드는 것이다.

이를 위해서는 직원이 자신의 성장로드맵을 만들 수 있도록 돕는 프로그램이 필요하다. 이러한 프로그램은 직원들로 하여금 기업의 성장로드맵을 숙지하고 이를 토대로 자신의 성장로드맵을 그릴 수 있게 한다.

3. 지식경영의 첫 걸음이 교육훈련이다.

진정한 의미의 지식경영을 위해서는 기업 자체적으로 직원들의 지식을 함양하고 지속적으로 자기계발을 해나갈 수 있도록 돕는 교육 및 지원이 필요하며, 나아가 이를 조직화시켜 성과를 낼 수 있는 결과물로 만들어 내는 프로그램이 요구된다.

정기적으로 내부 교육훈련 프로그램을 진행하여 전 직원들이 자신의 성장 단계에 맞는 교육을 받을 수 있게 하는 것은 물론, 교육훈련에의 참여 여부 및 성과에 따른 포상을 통해 동기부여를 하도록 한다. 또한 각 직원들이 자유롭게 외부의 교육훈련에 참여할 수 있도록 지원하는 것도 중요하다.

체크포인트 ❷

관리 대상	항목	체크
공부하는 분위기 조성	CEO가 월 1권 이상 책을 읽는다.	
	스터디와 세미나의 참여를 권장하는 프로그램이 있다.	
	CEO 혹은 임원이 참여하는 정기적 공부모임이 있다.	
성장 로드맵구성	회사의 교육훈련 로드맵이 사내에 공개되어 있다.	
	직원들 중에 자신의 성장로드맵을 가진 직원이 있다.	
	직원들이 자신의 성장로드맵을 만들도록 권장하고, 이를 돕는 프로그램이 있다.	
교육훈련 프로그램 실행	직원들의 외부 교육훈련 참여가 자유롭다.	
	연 2회 이상 내부 교육훈련 프로그램이 있다.	
	교육훈련 프로그램 참여에 대한 포상이 있다	

회사를 키우는 인재육성의 비밀

사카이 조 저 ● 김홍기 옮김 ● 제이펍

『회사를 키우는 인재육성의 비밀』은 '일본 최고의 인재육성 회사'를 만들기 위해 실제로 도입하고 있는 인재육성 프로그램의 논리적인 배경과 실전 포인트를 정리한 책이다. 저자가 소속회사에 도입하여 실질적으로 효과를 보고 있는 여러 종류의 인재육성 프로그램들을 공개한다. 민간기업의 인재육성을 중심으로 서술되었으나, 비영리 분야에서의 인재육성에도 많은 도움이 될 것으로 보인다.

이 책은 인재육성이 필요한 이유와 이를 위한 전반적인 방법 등에 대해 기술하고 있다. 전문적인 내용임에도 분량이 많지 않고 평이한 문체로 쓰여져 편안하게 읽을 수 있으며, 기업의 관련 담당자 및 CEO에게 큰 도움이 될 책이다.

목차

노나카의 지식경영

노나카 이쿠지로 · 곤노 노보루 저 ● 나상억 역 ● 21세기북스

지식경영의 세계적인 대가, 노나카 이쿠지로의 대표작 『노나카의 지식경영』. 지식경영의 새로운 패러다임을 제시한 책으로 평가 받는 이 책은 지식이 어떻게 창조되는지, 지식창조를 극대화하려면 어떻게 해야 하는지를 풍부한 사례를 통해 알기 쉽고 면밀하게 해부한다. 특히 이 책은 지식이 역동하는 원리를 SECI 모델로 밝혀낸다. SECI 모델은 사회화(Socialization), 외부화(Externalization), 종합화(Combination), 내면화(Internalization)로 구성되어 있다. 그리고 지식은 암묵지와 형식지의 역동적인 상호작용을 통해 창조되고 확대재생산된다고 주장한다. 또한 이러한 지식창조가 조직차원에서 가능하도록 하려면 태스크포스형 조직의 유연성과 관료제의 효율성을 결합한 하이퍼텍스트형 조직이 필요하다고 제언하고, 지식감사를 통해 지식경영 실태를 파악하고 촉진할 수 있도록 안내한다.

내용은 다소 어렵지만, 지식경영의 요체를 알고자 하는 CEO에게는 고전과 같은 역할을 할 수 있는 책이다.

목차

1. 지식이 경영을 바꾼다
2. 지력혁신의 실행
3. 지식창조의 방법론과 창조적 환경
4. 지식사회와 경영의 미래

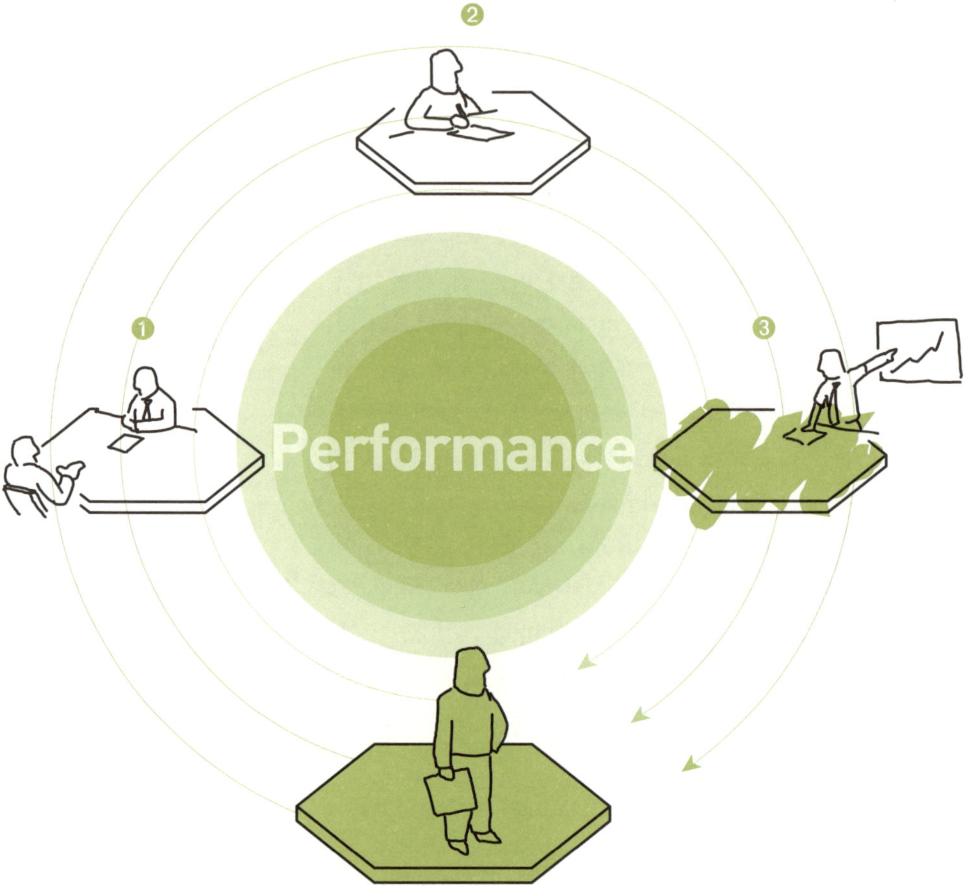

성과

단순히 임금을 조금 더 주는 것만으로는 동기부여가 되지 않는 세상이 되었다. 모든 직원들이 능동적으로 일하도록 하기 위해서는 업무에 적합한 인사조직과 함께, 공정한 성과관리체계를 만드는 것이 중요하다.

일하고 싶도록 동기를 부여한다.

CEO 혼자 모든 직원을 관리할 수 없을 정도로 성장한 회사에서는 직원들이 자발적으로 일할 수 있게 하는 동기부여가 중요하다. 직원들은 단순히 금전적인 보상만이 아니라 조직 전체의 목표와 자기 스스로의 목표, 그리고 그에 따른 성과를 통해 동기부여를 받는다.

따라서 모든 조직원들이 동의할 수 있는 목표를 설정하고, 이에 대한 성과를 관리하고 평가할 수 있는 지표를 만들어야 한다. 이는 최대한 객관적인 기준을 토대로 체계적으로 구성되어야 한다. 왜냐하면 조직원들 모두가 그것에 수긍할 수 있어야 하기 때문이다. 이러한 성과관리는 조직원들로 하여금 목표를 달성하기 위한 자발적인 노력을 경주하게 함으로써 조직이 원활하게 운영되도록 한다.

1. 직원들에게 어떻게 동기부여를 할 것인가?

모든 직원들이 각자의 위치에서 자발적으로 일하고 그에 합당한 성과를 낼 수 있도록 유도하기 위해서는 정밀하게 설계된 동기부여시스템이 필요하다.

이를 위해서는 먼저, 각 목표 및 성과에 대한 평가를 할 수 있는 객관적인 지표가 마련되어야 한다. 이를 통해 모든 구성원들이 같은 기준을 가지고 자신의 업무에 대해 평가하고, 그 결과를 토대로 자발적인 노력을 경주할 수 있게 되는 것이다. 이러한 지표의 설계를 위해서는 전문가의 도움이 필요하다. 현재 MBO 등 다양한 성과관리 지표가 만들어져 많은 기업들이 활용하고 있다.

2. 공동의 목표란 무엇인가?

성과관리 시스템이 제 기능을 하기 위해서는 모든 지표와 보상체계 등이 합리적이어야 한다. 여기에서 합리적이라는 말은 모든 조직원이 동의하는 것이어야 함을 의미한다.

특히 성과관리시스템의 구성에서 가장 중요한 것은 공동의 목표이다. 개인 및 부서 간의 목표 등에 모두가 동의하고 이를 인정할 수 있어야만 자발적인 동기부여가 가능해진다.

3. 어떤 성과관리 시스템이 필요한가?

지표를 설계하고 공동의 목표를 관리하는 시스템을 반드시 전산적으로 구축할 필요는 없다. 그렇지만 이에 대한 평가는 최대한 객관적인 근거를 토대로 합리적인 체계를 통해 이루어지는 것이 바람직하다. 따라서 성과관리 시스템은 가급적 객관적이며 자동적으로 이루어지는 체계를 갖추는 것이 필요하다.

성과관리시스템 구성

요약

동기부여가 가능한 지표를 만들자.
직원들이 스스로 일할 수 있게 하기 위해서는 금전적인 보상 이상의 동기부여가 필요하다. 이는 객관적이며 신뢰할만한 것이어야 하며, 현재 이를 위해 MBO의 KPI 지표 등이 활용되고 있다.

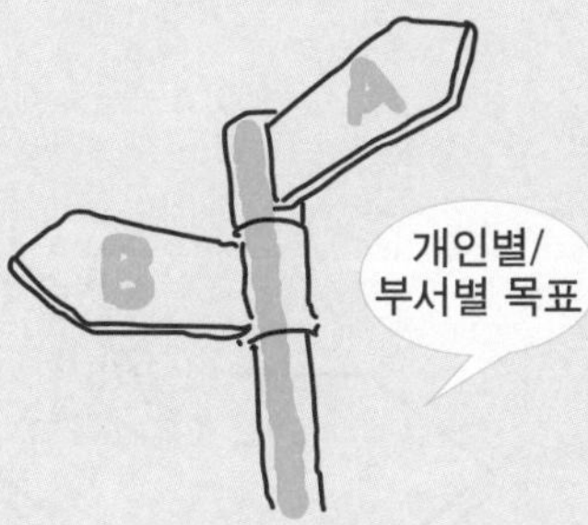

모든 조직원들이 합의하는 목표를 설정한다.
성과관리시스템은 모든 조직원이 동의하는 합리적인 목표를 가져야만 제대로 작동한다. 즉 개인/부서 간의 목표 등을 서로 인정할 수 있어야만 자발적인 동기부여가 가능해진다.

시스템을 통한 객관적 관리가 필요하다.
성과관리시스템이 반드시 전산적으로 구축될 필요는 없으나, 이를 평가하기 위해서는 최대한 객관적이며 자동적으로 이루어지는 시스템을 갖추는 것이 바람직하다.

성과관리시스템 구성

성과관리를 하는 이유는 동기부여를 통해 자발적으로 일하는 조직을 만들기 위한 것이다.

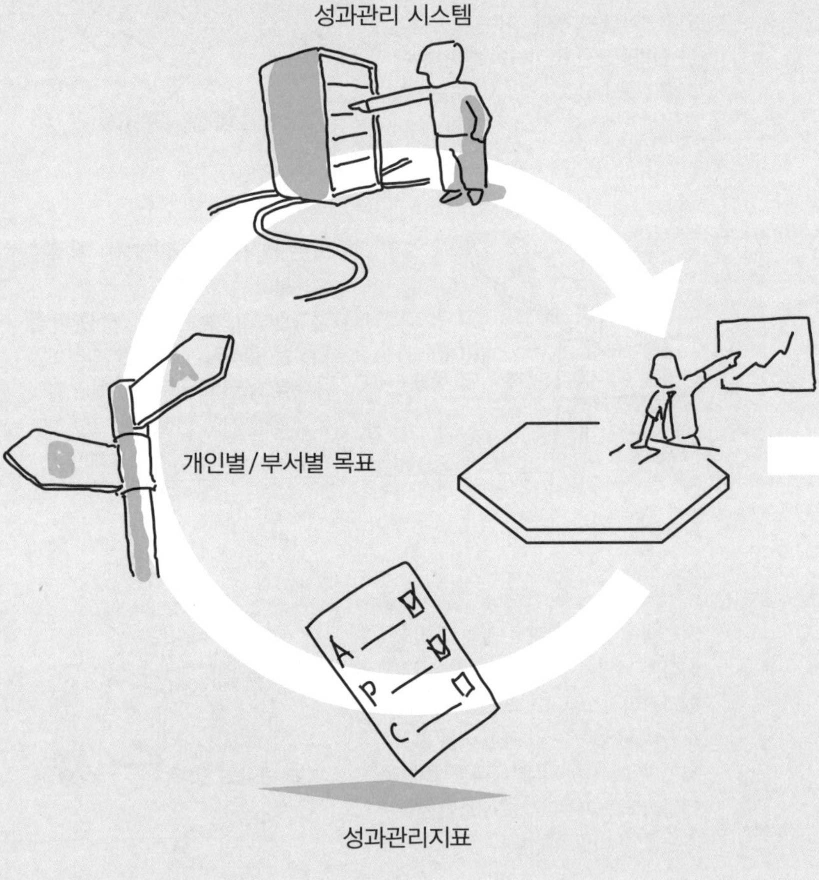

회사는 성과를 관리할 수 있는 지표를 만들고, 조직원들과의 합의를 통해 목표를 설정하며, 이를 체계적인 시스템으로 운영한다. 이는 모두 업무에 대한 동기부여를 목표로 하고 있으며, 최종적으로 자동적인 시스템을 통한 관리를 가능케 하기 위한 것이다.

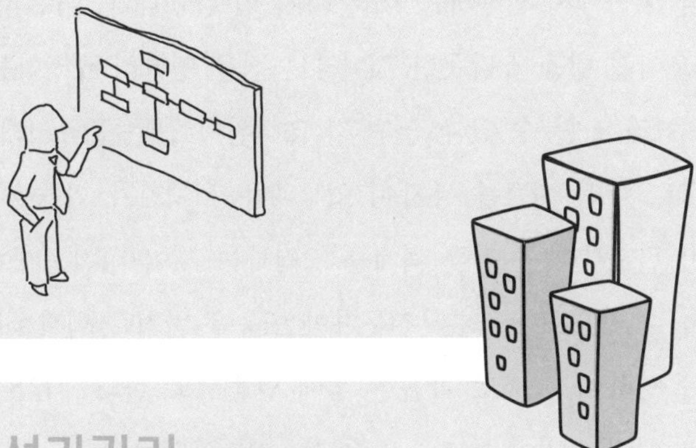

성과관리

목적 : 업무에 대한 동기부여

성공적인 성과관리를 위한 핵심 체크포인트

1. 회사의 업무에 대한 성과관리지표를 만들자.

물론 회사의 모든 업무에 성과관리지표가 필요한 것은 아니다. 그렇다면 특히 어떤 업무에 대해 성과지표를 만들어 활용하는 것이 좋을까? 일례로, 흔히 소프트웨어를 개발하는 회사에서는 소프트웨어만 개발해서 납품하면 된다고 생각할 수 있다. 그렇다면 그 업무를 지원하는 다른 부서의 직원들에 대한 평가는 어떻게 이루어질 수 있을 것인가?

즉 회사에서 발생하는 여러 가지 업무에 대해, 어떤 행동이 잘한 것이고 어떤 행동이 잘못한 것이라는 점을 명확히 규정하는 것을 성과관리지표라고 할 수 있다. 일단 각 조직원의 업무를 규정해야 하며, 각 업무별로 어떤 지표를 통하여 업무내용의 평가가 가능한지를 규정하는 것이 필요하다. 이러한 체계를 정립하는 것이 비전문가에게는 다소 어려울 수 있으므로, 외부 전문가의 도움을 받거나 회사 내부적으로 TFT를 운영하여 스스로 학습한 후에 만들도록 한다. 각각 장단점이 있으므로 어떤 방법이 특별히 낫다고는 할 수 없다. 다만 시간적 여유가 없다면 외부의 도움을 받는 것이 빠르다.

2. 직원들의 동기부여를 위해서는 명확한 목표 규정이 필요하다.

동기부여를 위해서는 명확한 목표설정이 필요하며, 이에 대한 직원들의 동의가 필요하다. 해당 업무를 하는 직원들만이 아니라 관련된 모든 직원들로부터 동의를 구한다.

이는 크게 두 가지 때문이다. 하나는 자신의 목표를 알고 열심히 일하면 보상을 주겠다는 의도이며, 다른 하나는 본인의 업무와 다른 이의 업무가 그 분량 및 난이도에 있어 비슷하며 그가 받는 보상이 정당하다는 인식을 심어주기 위한 것이다.

3. 성과관리시스템의 도입으로 회사가 투명하게 관리된다는 것을 보여주자.

성과관리는 인사 및 보상과 연계되는 중요한 항목이므로 설사 회사 업무에 관심이 없는 직원들이라 해도 모두가 신경을 쓸 수 밖에 없다. 따라서 이러한 과정이 매우 공정하게 관리되고 있다는 것을 구성원들 모두에게 인식시켜줄 필요가 있다.

체크포인트 ❸

관리 대상	항목	체크
성과관리 지표	회사 내부에 직원의 업무실적을 평가하는 절차 및 규정이 있다.	
	조직 및 개인의 성과를 평가하는 과학적인 지표의 도입에 대해 고민하고 있다.	
	전문가 혹은 내부 직원들과 공동으로 MBO와 BSC, 혹은 그에 준하는 성과관리지표를 도입하여 운영하고 있다.	
개인별 목표 설정	회사의 목표가 명확하게 제시되어 있으며, 직원들이 이 내용을 인지하고 있다.	
	각 부서별·업무별로 목표가 명확히 규정되어 있으며 이에 따라 각 부서의 업무를 점검할 수 있다.	
	각 직원별로 개별 목표가 할당되어 있으며, 이에 따라 근무평정 등이 이루어진다.	
성과관리 시스템	직원의 모든 업무에 대하여 핵심성과지표가 만들어져 별도로 관리되고 있다.	
	핵심성과지표에 따라 근무평정을 하고, 이에 따라 인사 및 성과급을 지급하고 있다.	
	성과관리체계를 지원하는 별도의 전산화된 프로그램이 있다.	

어떻게 최고의 인재들로 회사를 채울 것인가

가재산 저 ● 쌤앤파커스

『어떻게 최고의 인재들로 회사를 채울 것인가』는 벤치마킹해야 할 기업들의 다양한 사례를 통해 한국형 성과주의 인사전략, ABC 인재경영의 원칙과 실행 방법을 구체적으로 소개한 책이다. 저자는 전 직원을 하향 평준화하는 잘못된 성과주의의 문제점을 조목조목 지적하고, 삼성이나 GE 같은 인재경영의 강자들이 실천하고 있는 제도를 샅샅이 파헤쳐 한국식으로 체질개선한 '성과주의 인사제도' 도입의 대원칙으로부터 구체적인 등급별 인재관리 방안을 제시한다. 똑같은 조직에서 일하지만 능력은 천차만별인 인재들을 어떻게 배치하고 육성하며 관리해야 조직 전체의 성과를 안정적으로 향상시킬 수 있는지에 대해 구체적으로 기술하고 있다.

목차

Part 1. ABC 인재경영

- Chapter 1. 21세기는 인재경영의 시대
- Chapter 2. 성과주의, 한국식으로 체질화하라
- Chapter 3. 반드시 붙잡아라, A급인재
- Chapter 4. 조직의 백년대계, B급인재
- Chapter 5. 키울 것인가 내보낼 것인가, C급인재

Part 2. ABC 인재경영 실천사례

- Chapter 6. GE의 장수비결은 인재 키우는 꽃밭
- Chapter 7. 무엇이 삼성을 초일류로 만들었나
- Chapter 8. A급인재, 삼성처럼 관리하라
- Chapter 9. B급인재, 삼성은 이렇게 육성한다
- Chapter 10. 초일류 삼성의 출구관리 전략
- Chapter 11. 한국형 성과주의, 이렇게 시작하라

인재경영이 잘못되었을 경우 극단적 사례를 설명한 책

당신과 조직을 미치게 만드는 썩은 사과

미첼 쿠지, 엘리자베스 홀로웨이 저 • 서종기 옮김 • 예문

『썩은 사과』는 문제인물을 키우는 조직시스템의 특성과 그로 인한 손실규모를 통계적으로 밝힌 책이다. 포춘지 선정 500대 기업의 임직원 400여 명을 대상으로 한 2년 여의 심층 인터뷰 및 설문조사를 바탕으로 썩은 사과가 발생하는 조직환경과 그들의 특징, 그로 인한 악영향과 손실을 객관적으로 분석했다.

'썩은 사과는 반드시 손실을 가져온다' '썩은 사과는 쉽게 드러나지 않는다' '썩은 사과는 결코 혼자 썩지 않는다' 등 치명적 결과를 초래하는 '썩은 사과의 법칙'을 소개하고, 이를 통해 썩은 사과의 행동방식을 이해하고 그들의 정체를 알아차릴 수 있도록 안내한다.

회사 내에 말썽을 부리는 사람들이 있는가? 드러내놓고 말썽을 부리는 사람은 썩은 사과가 아니다. 밖으로 드러나지 않으면서도 조직에 해를 끼치는 사람들에 대한 대처 방법이 궁금하다면 이 책을 읽어보자.

목차

Chapter

2

Products
상품을 생각하자! 만들자! 키우자!

기술경영 — 기업 시작의 계기, 대박의 꿈. 기술!

대부분의 기술기업들은 특정 기술을 개발하고 그것을 계기로 사업을 시작하게 된다. 그러면서 소위 '대박'을 향한 부푼 꿈을 품는다.

그러나 단순히 기술만을 가지고 기업이 성공하는 것은 아니다. 기업의 원활한 경영을 위해서는 먼저 비즈니스 모델을 조직화하는 과정이 필요하다. 즉 기업이 창조하려는 가치와 그것을 고객에게 전달하여 수익을 창출해내는 구조를 구상하고, 그것을 토대로 실제 기술 및 상품을 개발해야 하는 것이다. 또한 최종적으로 고객에게 상품을 전달하기까지의 모든 과정을 중소기업 규모의 조직 혼자서 감당하기에는 많은 어려움이 따르므로, 적절한 협업이 필요하다. 아무리 훌륭한 기술 혹은 상품을 개발한다 해도 이것을 발휘할 수 있도록 도와줄 파트너를 찾지 못한다면 그 기술이나 상품은 사장되고 말 것이다.

1. 비즈니스 모델을 조직화하는 것은 왜 필요한가?

비즈니스 모델이란 조직이 가치를 창조하고 이를 고객에게 전달하여 새로운 수익을 창출하는 구조를 가리키는 것으로, 비즈니스 모델을 조직화하는 것은 곧 기업 활동의 체계를 전반적으로 구상하는 것과 같다. 즉 이는 상품을 생산하고 관리하기 이전에 그 모든 것의 기반이요 계획이 되는 중요한 과정이다.

비즈니스 모델은 새로운 상품을 만들기 위한 것일 수도 있고 새로운 서비스를 개발하기 위한 것일 수도 있으며, 이 모든 것을 합한 새로운 개념의 사업에 대한 것일 수도 있다.

2. 구체적인 기술개발이 결국 비용최소화와 연결되는 이유는 무엇인가?

경우에 따라 기술개발을 통해 이전에 존재하지 않았던 완전히 새로운 개념의 상품을 창조해내는 경우도 있으나, 대부분의 경우 중소기업의 기술개발활동은 기존의 상품을 개선·보완하거나 보다 효율적인 방법으로 만들어내는 일에 가깝다. 즉 이 때 만들어낸 새로운 컨셉의 비즈니스 모델은 해당 상품을 경쟁자들보다 효율적인 방식으로 저렴한 비용을 들여 생산하거나 전달할 방법을 찾음으로써 가격 경쟁력을 확보하게 하는 것이다.

3. 나의 역량을 키우기 위해서 왜 협력이 필요한가?

하나의 중소기업이 상품의 개발, 생산, 전달의 모든 활동을 직접 하기에는 많은 무리가 따른다. 따라서 대부분의 기업은 자신의 역량을 활용하는 데에 도움을 줄 수 있는 파트너를 필요로 한다. 파트너가 되는 조직 역시 자신의 약점을 보완할 수 있는 협업을 원할 것이므로, 서로에게 도움이 될 수 있는 파트너를 찾는 것이 중요하다.

상품개발을 위한 성공 체크포인트

1. 사업을 시작하기 위해서는 누구에게나 명확한 비즈니스 모델이 필요하다.

사업 시작 단계에서 가장 선행되어야 하는 활동은 비즈니스 모델을 구체화하는 일이다. 특히 독점 사업이 아닌 이상 모든 사업은 경쟁을 피할 수 없으므로, 시행착오를 줄일 수 있는 명확한 비즈니스 모델이 필요하다.

먼저 기업이 창조하고자 하는 가치, 기반이 되는 기술 및 개발하고자 하는 상품에 대해 구상하고, 이를 고객에게 전달하는 방법과 수익을 창출하는 방식, 수익 정도 등에 대해 구체적으로 설계한다. 그리고 이를 실행에 옮기기 위해 필요한 것과 부족한 것들을 분석한다.

완성된 비즈니스 모델은 전 직원이 공유하도록 하며, 각 부분에 대해 점검하여 타당한 비즈니스 모델이 만들어졌는지 평가한다. 그 결과에 따라 비즈니스 모델은 다시 수정 및 보완될 수 있으며, CEO와 임직원은 물론 관련된 모든 직원들이 동의하고 충분히 숙지한 상태에서 완성되어야 한다.

2. 이익을 내기 위해서는 효율적 생산관리가 필요하다.

합리적인 비즈니스 모델이 구축되었다면, 이를 토대로 본격적인 기술개발 및 상품의 생산에 들어간다. 사업에 있어서 가장 중요한 목표는 이익을 창출하는 것이므로, 이익을 낼 수 있는 경쟁력 있는 상품을 생산해야 한다. 즉 고객에게 어필할 수 있는 기술과 품질을 갖춘 상품을 생산하는 것은 물론, 판매가격 대비 충분한 이윤을 발생시킬 수 있도록 효율적인 생산관리를 하는 것이 중요하다.

현재의 생산시스템을 수시로 점검 및 분석하고 보다 효율적인 시스템을 갖추기 위해 보완해야 할 부분을 체크하여 개선하도록 한다. 효율적인 생산관리야말로 비즈니스 모델에서 추구한 목표와 전략을 극대화하여 최고의 수익을 창출하기 위해 가장 필수적이라고 할 수 있다.

3. 성공을 위해서는 다른 기업과의 협력이 반드시 필요하다.

앞서 언급한 바와 같이, 중소기업의 경우 사업의 모든 단계를 단독으로 진행하는 것은 불가능에 가깝다. 탁월한 기술을 가지고 있다 하더라도 상품으로 양산하는 과정에서 도움이 필요할 수도 있고, 상품을 만들고도 고객에게 전달하기 위한 채널이 충분치 않아 수익창출에 어려움을 겪을 수도 있다.

일반적으로 중소기업 간의 사업협력은 네트워크를 통해 이루어진다. 즉 네트워크를 통해 각자가 가지고 있는 활용 가능한 자원들을 전달하기도 하고, 상호 연계된 네트워크 자체를 사업의 각 단계에 활용하기도 한다.

이를 통해 혼자서는 만들 수 없던 새로운 상품의 개발이 가능해지기도 하고, 채널의 수가 확장됨으로써 더욱 다수의 고객들에게 상품을 전달할 수 있게 되기도 한다. 단, 그저 용역을 주고받는 것이 아닌, 보다 근본적이고 발전적인 협력이 가능한 파트너를 찾아야 한다. 즉 비즈니스 모델의 효과적인 적용을 통해 시너지를 내는 것이 중요하다.

성공적인 상품개발을 위한 전략

관리 대상	비즈니스 모델	기술개발	사업협력
핵심 목표	비즈니스 모델 구체화	경쟁력있는 상품생산	협력 가능한 파트너 찾기
달성 방법	사업구상 및 분석	생산관리	네트워킹
활동의 결과 점검	직원들의 비즈니스 모델 수긍도	개선프로세스에 참여한 직원비율	새로운 상품, 채널의 수

상품 개발 활동 구성도

도입
직원
상품
자금
활용

회사의 상품개발 활동을 요약한 그림이다.
CEO로 대표되는 회사는 먼저 비즈니스 모델을 만들고 이를 효율적으로 생산할 수 있도록 연구개발해야 하며, 이러한 역량을 극대화할 수 있는 파트너를 찾아야 한다.

CEO는 자신과 회사의 역량관리를 통해 새로운 기회를 창출한다.

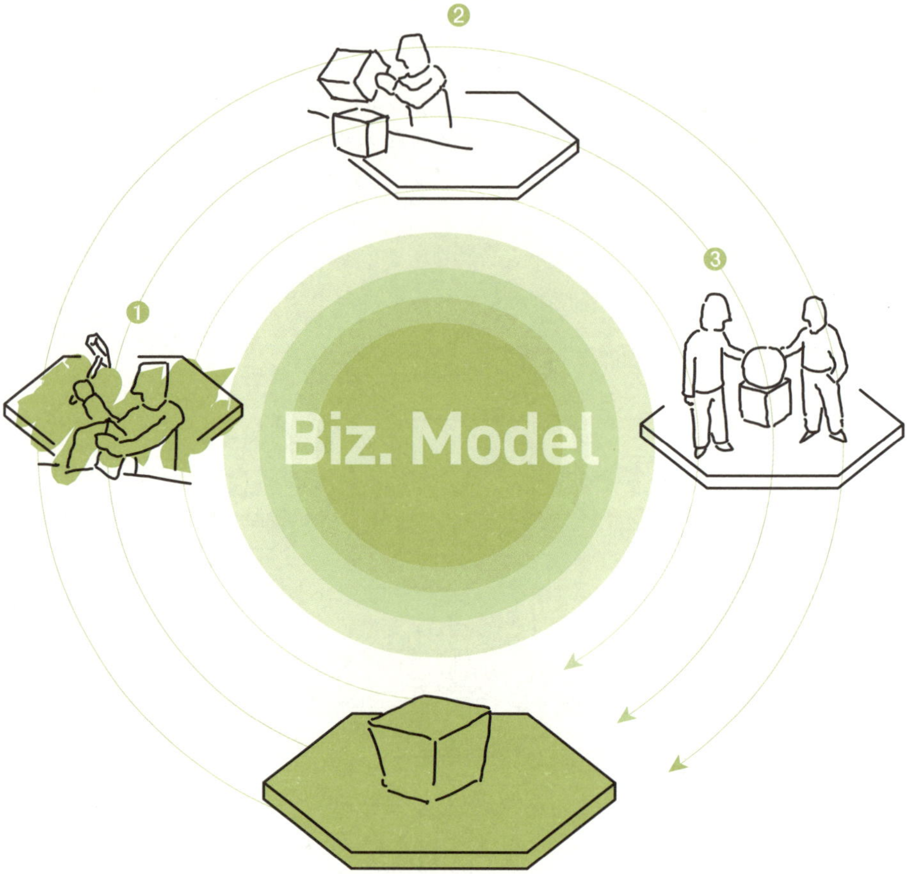

모델

비즈니스 모델은 한 조직이 어떻게 가치를 창조하고 이를 어떻게 고객에게 전달하여 새로운 수익을 창출할 것인가를 구조화한 것이다. 이는 새로운 상품을 만드는 것일 수도, 새로운 서비스를 개발하는 것일 수도, 혹은 이 모든 것을 합한 새로운 개념일 수도 있다.

추상적 아이디어를 구체화하자

누군가는 "최신기술을 적용해 물건만 잘 만들면 되지, 비즈니스 모델이 왜 필요하냐?" 라고 물을 수도 있다. 왜 비즈니스 모델을 구체화하기 위해 머리를 싸매야 하는가? 만약 혁신적인 신기술을 통해 누구도 생각하지 못했던 새로운 상품을 만들었더라도 비즈니스 모델이 필요할 것인가?

대부분의 전략경영 컨설턴트들은 이 질문에 대해 그렇다고 대답할 것이다. 왜 새로운 신기술을 가지고도 우리는 비즈니스 모델을 고민해야 하는가? 그것은 신기술을 어떤 방식으로 누구에게 전달하느냐에 따라 그 기술이 가지는 가치가 완전히 달라지기 때문이다.

본 장에서는 어떻게 하면 비즈니스 모델을 구체화할 수 있는지에 대해 알아보고, 이를 실현할 수 있는 방법을 검토해본다.

1. 우리의 상품을 필요로 하는 고객은 누구인가?

우리의 상품을 필요로 하는 고객은 누구이며, 우리가 상품을 제공할 수 있는 고객은 누구인가?

우리가 공급할 수 있는 상품/서비스의 범위는 결국 우리의 역량에 달려있으므로 제한적일 수밖에 없다. 따라서 이러한 역량에 맞는 고객을 찾고, 이 고객과 어떻게 관계를 맺을 수 있는지에 대해 고민해야 한다. 경우에 따라 최종소비자와 직접 관계를 맺을 수도 있고, 간접적인 채널을 개발하여 이를 통해 상품을 전달할 수도 있다. 각각의 경우에 따른 상품의 전달방식에 대해서도 역시 고민해보아야 한다.

2. 고객에게 전달할 수 있는 새로운 가치는 무엇인가?

고객이 정의되면, 대상이 되는 고객이 원하는 것들 중에서 우리가 전달할 수 있는 것이 무엇인지를 찾아야 한다. 이는 곧 고객에 맞는 새로운 가치를 창출하는 일이다.

만약 이를 혼자 할 수 없을 경우에는 적절한 파트너를 찾고 각자의 역할을 규정해서 새로운 가치를 만들 수도 있다.

3. 어떻게 수익이 창출되고, 지속시킬 수 있는가?

여러 파트너가 참여해서 고객에게 원하는 가치를 전달할 수 있다고 하더라도 그것만으로는 비즈니스 모델이 성립되지 않는다. 비즈니스 모델에서 가장 중요한 것은 수익이다. 즉 비즈니스 모델이 지속적으로 운영되기 위해서는 그 활동을 위해 소요되는 비용의 합보다 고객이 지불할 수 있는 매출액이 많아야 한다. 수익의 창출 여부와 지속 가능성에 대한 평가를 토대로 다시 새로운 비즈니스 모델을 만들고, 이를 다시 검토하는 과정을 거치면서 비즈니스 모델을 완성한다.

비즈니스 모델 개발과정

요약

우리 역량에 맞는 고객을 찾자.
우리가 공급할 수 있는 상품/서비스의 범위는 우리의 역량에 따라 제한적이다. 이에 맞는 고객을 찾고, 고객과 어떻게 관계 맺을 수 있는지 고민한다. 최종소비자와 직접 관계를 맺을 수도 있고, 간접적인 채널을 개발하여 상품을 전달할 수도 있다. 각각의 경우 상품이 어떻게 전달될 수 있는지 역시 고민해야 한다.

고객에 맞는 가치제안을 하자.
고객이 원하는 것 중에서 우리가 개발할 수 있는 것을 찾아야 한다. 혼자 할 수 없을 경우에는 파트너를 찾고 각자의 역할을 규정한다.

지속적인 수익창출이 가능한 구조를 만들자.
비즈니스 모델을 지속적으로 운영하기 위해서는 그 활동을 위한 비용의 합보다 고객이 지불할 수 있는 매출액이 많아야 한다. 따라서 지속적인 수익창출이 가능한 비즈니스 모델을 만들도록 한다.

비즈니스 모델 개발과정 구성도

비즈니스 모델 개발의 과정을 간략히 요약한 그림이다. 근본적으로는 고객 · 가치 · 지속적 운영에 대한 고민의 과정을 거치며, 이러한 과정은 회사의 신상품 개발에 있어서 가장 핵심적인 활동이 된다.

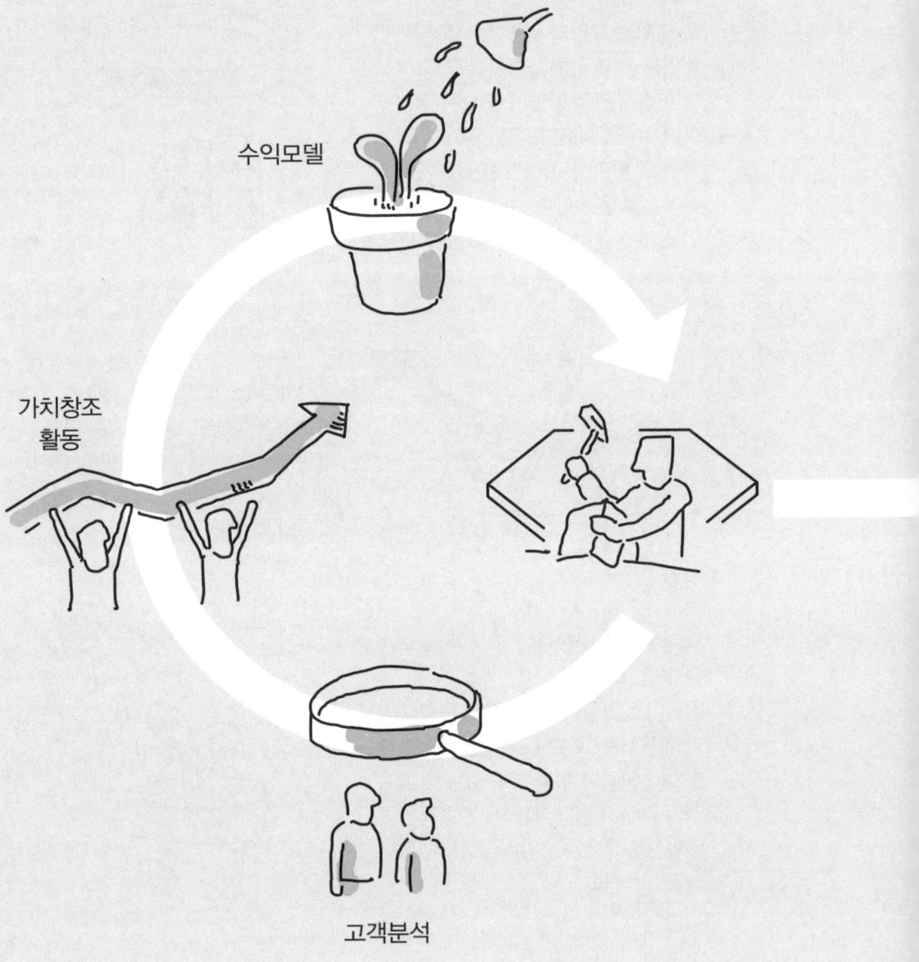

CEO는 비즈니스 모델 개발을 위해서 먼저 고객을 정의해야 하고, 고객에 맞는 가치를 찾고 이를 만들어야 하며, 이를 지속적으로 제공하여 수익을 창출해야 한다.

비즈니스 모델

목적 : 사업모델 창출

성공적 비즈니스 모델 개발을 위한 체크포인트

1. 가능한 한 구체적으로 고객을 정의해야 한다.

우리의 역량과 상품에 맞는 고객을 정의하되, 그 기준이 명확하고 구체적이어야 한다.

고객을 정의한다는 것은 대상이 되는 시장 내에서도 특정 고객만을 대상으로 사업활동을 전개하기로 결정하는 것을 의미한다. 따라서 이는 곧 사업의 지향점이 되고 전략이 된다.

따라서 가능한 한 구체적으로 고객을 정의하고, 고객이 필요로 하는 상품이 무엇인지 분석한다. 이를 위해서는 시장분석과 고객분석이 선행되어야 한다. 그리고 우리가 제공할 수 있는 상품과 고객이 필요로 하는 상품의 품질 및 가격을 비교해보고, 기업과 고객의 관계, 상품과 고객 간의 관계 등을 파악하는 절차를 거친다.

2. 고객이 원하는 상품을 만들 수 있는 구조를 만든다.

고객이 원하는 상품에 대해 파악했으면, 그러한 상품을 만들 수 있는 시스템을 확보하는 과정이 필요하다. 즉 현재 회사가 가지고 있는 역량을 파악하고, 고객이 원하는 상품을 전달하기 위해 회사가 충족해야 할 조건들 및 실행해야 할 핵심 활동들을 정의한다. 이 때 사업파트너의 협력이 필요하다고 판단되는 활동은 미리 구분하여 각자의 활동을 정한다.

3. 비용보다는 수익이 많아야 비즈니스 모델이 된다.

비즈니스 모델에서 가장 중요한 것은 지속적인 수익의 창출이다. 즉 사업활동 전반에 든 비용보다 매출액이 더 커야만 지속적으로 유효한 비즈니스 모델이 될 수 있다.

따라서 먼저 사업을 실행하기 위해 본인의 회사 및 파트너 회사에서 지출한 모든 비용을 추정해야 하며, 고객에게 상품을 전달할 수 있는 채널을 정의하여 이를 실행했을 경우 얻을 수 있는 수익규모를 분석한다. 만약 매출이 지출 비용을 넘지 못할 경우, 비즈니스 모델을 재구성해야 한다.

체크포인트 ❹

관리 대상	항목	체크
고객분석	우리 상품에 맞는 고객을 명확하게 정의하고 있다.	
	고객이 필요로 하는 상품을 정의할 수 있고 그 특징과 차별점을 이해한다.	
	상품과 연계된 우리와 고객간의 관계를 구체화할 수 있으며, 이를 분리할 수 있다.	
가치 창조	회사가 가지고 있는 핵심역량을 정의할 수 있다.	
	고객에게 상품을 전달하기 위해 회사가 실행해야 할 핵심활동을 정의할 수 있다.	
	필요한 파트너와 파트너가 해야 할 활동을 정의할 수 있으며, 협력이 가능하다.	
수익모델	고객에게 전달할 수 있는 마케팅 채널을 정의할 수 있으며, 실행 가능하다.	
	사업을 실행하기 위한 회사와 파트너사의 모든 과정의 비용구조를 정의할 수 있다.	
	고객에게 상품을 성공적으로 전달했을 때 받을 수 있는 매출규모를 정의할 수 있다.	

그들의 생각은 어떻게 실현됐을까

스콧 벨스키 저 ● 이미정 옮김 ● 중앙북스

스티브 잡스가 없는 애플은 과연 순항할 수 있을까? 모든 애널리스트들의 관심이 쏟아지고 있다. 그는 애플에서 무슨 일을 한 것일까? 사람들은 그가 만든 위대한 작품 '아이팟-아이폰-아이패드' 3부작에 열광한다. 하지만 그가 위대한 이유는 따로 있다. 바로 애플 그 자체다. 스티브 잡스가 없어도 애플 특유의 창조적인 문화, 아이디어 실현에 힘을 쏟는 문화가 유지될 수 있을까? 비단 애플의 문제만이 아니다. 모든 조직과 팀에게 중요한 것은 독특하고 획기적인 아이디어 뿐이라는 착각에서 벗어나야 한다. 구글, 애플, 디즈니 등 '되는 회사'들은 발상 보다 '실현'에 방점을 찍고 있다. 그들은 어떻게 머릿속 생각을 눈에 보이는 성과로 만들어 냈을까? 『그들의 생각은 어떻게 실현됐을까』는 이처럼 자신의 생각을 어떻게 실현시킬 수 있는지에 초점을 맞춰 독자에게 실행 가능한 방법을 제시한다.

목차

1. 당신의 생각이 실현되지 않는 이유
2. 성과로 이어지는 생각 실현 기술 3 Steps
   - 생각을 직조하라
   - 함께 움직일 사람을 찾아라
   - 리드하라! 팀, 그리고 나를
3. 이제 당신이 해야 할 일은 무엇인가?

고객을 정의하고, 사업컨셉을 구성할 수 있는 책

비즈니스 모델의 탄생

알렉산더 오스터왈더 · 예스 피그누어 저 ● 유효상 옮김 ● 타임비즈

비즈니스 모델이라는 개념은 사실 우리에게 생소할 수 있다.

비즈니스 모델의 탄생이라는 제목의 이 책은 세계적인 베스트셀러로 많은 곳에서 비즈니스 모델을 만드는 데에 도움을 주고 있다.

특히, 비즈니스 모델 캔버스라는 개념을 소개함으로써 어떻게 비즈니스 모델을 구체화할지 고민하는 CEO들에게 많은 참고가 될 것으로 보인다.

'비즈니스 모델'이라는 조금은 생소한 영역을 다룬 이 책은 고객 관리, 사업 구상, 유통 및 마케팅, 관리와 경영 등 도무지 이해되지 않았던 '사업의 정수'를 단 한 장의 '비즈니스 모델 캔버스'로 제시한다. 더불어 아이디에이션, 공감지도, 비주얼 씽킹, 스토리텔링, 시나리오 플래닝 등 다양한 최신의 창의력 도구들을 알기 쉽게 소개했다.

목차

1. Canvas _ 비즈니스 모델 캔버스
2. Patterns _ 성공한 비즈니스 모델 패턴
3. Design _ 비즈니스 모델의 설계
4. Strategy _ 혁신적인 비즈니스 모델 전략
5. Process _ 비즈니스 모델 디자인 프로세스

기술개발

기존의 상품을 토대로 새로운 컨셉의 비즈니스 모델을 만들어낸 회사는 이를 경쟁자들보다 효율적으로 생산하거나 고객에게 전달할 방법을 만들어야 한다.

생산에는 혁신이 필요하다

기술개발은 사업 컨셉, 즉 개발된 비즈니스 모델을 구체화하는 작업이다. 비즈니스 모델을 통해 누가 무엇을 해야 하는지를 인식했다면, 이후에는 이를 구체화할 기술개발이 필요하다. 즉 실제 상품을 개발하고 생산하는 과정을 효율화하는 작업이 필요한 것이다.

우리나라 중소기업에서 진행하는 수많은 기술개발과정은 결과적으로 효율적인 생산프로세스를 새로 만들거나, 비용절감을 할 수 있는 새로운 소재 및 방법을 제안하는 것이다. 그렇다면 이러한 활동은 누가 할 수 있을까? 이 역시 회사의 슈퍼맨인 CEO가 다 해야 하는 것인가?

본 장에서는 이를 위해 효율적인 생산프로세스를 정립하기 위한 방법과 각자의 역할에 대해 소개하고자 한다. 이를 위해서는 CEO를 중심으로 회사 내부의 작은 개선 아이디어들을 모을 수 있는 체계가 이루어져야 하며, 중소기업의 기술개발활동을 위한 산학협력 등 가능한 모든 공공지원 혜택을 활용해야 한다. 마지막으로 효율적 생산관리를 위해 회사 내에 필요한 체크리스트도 검토해보자.

1. 혁신이란 무엇이며, 그 주체는 누구인가?

기술개발을 위해 가장 중요한 것은 CEO의 마음가짐이다. 어떻게 창조적인 생각을 개발할 것이며 그것을 통해 새로운 시장, 혁신적인 프로세스를 발굴할 수 있을 것인가?

이를 위해서는 무엇보다도 CEO의 혁신적인 기업가 마인드가 필요하다. 늘 경쟁자가 하지 못하는 새로운 것을 고민해야 한다. 만약 이러한 활동이 회사 내에서 활발히 이루어지지 않는다면 결국 대표의 책임이라고 볼 수 있다.

중소기술기업에서 혁신의 근본적인 주체는 결국 CEO이다. 즉 CEO가 어떻게 방향을 이끄느냐에 따라 혁신의 성공여부가 결정된다.

2. 어떻게 외부 전문가의 도움을 받을 것인가?

CEO의 혁신적인 마인드도 물론 중요하지만, 외부전문가의 도움도 반드시 필요하다. 따라서 CEO는 전문가의 도움을 받을 수 있는 분야와 방법에 대해서도 구체적으로 고민해야 한다.

중소기술기업이 참여할 수 있는 산학협력사업은 이를 위한 구체적인 방법이자 돌파구가 될 수 있다. 산학협력을 단순히 기술개발을 위한 비용을 받는 수단으로만 여길 것이 아니라, 전문가와 협력하여 혁신적인 생산방법 및 기술을 개발할 수 있는 기회로 삼고 활용할 수 있어야 한다.

3. 어떻게 혁신을 전파할 것인가?

시작은 CEO가 하더라도 결국 혁신을 실행하고 그 결과를 보여주는 것은 직원들에게 달려있다. 따라서 혁신적인 생각에만 그친 채, 직원들로 하여금 혁신적인 생산관리 기법을 익히게 하지 않는다면 사업성공은 불가능해 진다.

혁신은 전 직원들에게 전파되어야 하며, 그를 위한 나름의 체크리스트도 만들어야 한다. CEO 혹은 책임자는 이 모든 것들에 대해 파악하고 관리를 진행해야 한다.

혁신적인 기술개발

요약

내 생각부터 혁신해야 한다.
기술개발을 통해 가치를 창조한다는 것은 고객에게 보다 저렴한 가격에 더 많은 가치를 전달할 수 있는 방법을 찾아내는 것이다. 여기에는 어떤 혁신이 필요하며, 이러한 생각은 모두 CEO로부터 비롯된다.

외부 전문가의 도움을 받을 길을 찾자.
모든 중소기업이 회사 내부의 자원만으로 성공할 수 있다면 이런 책을 읽을 필요도 없을 것이다. 혁신이 필요하다면, 이를 위한 도움을 받을 수 있는 길을 찾아야 한다.

혁신적인 프로세스가 돈이 된다.
생산과정이 혁신적으로 바뀌어야 비용절감 혹은 더 많은 가치의 생산을 실현할 수 있다. 즉 생산을 담당한 직원들 개개인의 프로세스가 바뀔수 있도록 혁신과정에 모두가 참여해야 한다.

혁신적인 기술개발 구성도

중소기업의 기술개발은 결국 생산의 효율화로 요약할 수 있다. 어떻게 이런 일이 가능한가? CEO는 자신의 혁신적인 마인드를 기반으로 외부의 도움을 받아 회사 내에 혁신적인 프로세스를 체계화한다.

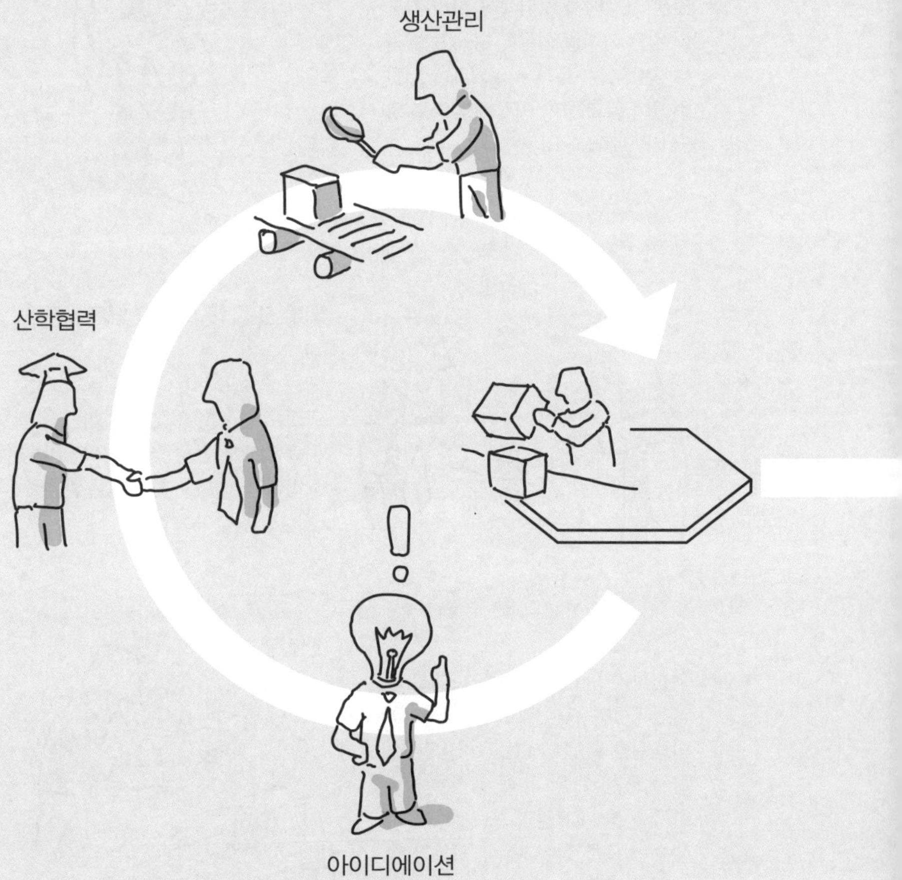

회사의 기술개발과정은 CEO의 아이디에이션에서 출발하여, 산학협력 등을 통해 외부 전문가의 도움을 받고 최종적으로 회사에 이를 체계화함으로써 이루어진다.

기술개발

목적 : 사업모델 체계화

성공적인 기술개발 핵심 체크포인트

1. CEO가 먼저 생각하고, 앞장서서 실행한다.

CEO는 회사의 현황을 항상 파악하고 있어야 한다. 회사의 핵심역량은 무엇이고 이를 받쳐주는 내부자원은 어떠한지 살펴야 한다. 또한 회사의 핵심역량과 연계된 외부환경의 변화도 염두에 두어야 한다. 이에 능동적으로 대처하기 위해서는 CEO가 먼저 고민하고, 조직 내에서 이에 대하여 검토하고 토의하는 문화를 만들어야 한다.

회사의 환경 및 역량과 관련한 변화를 CEO 혼자 알고 있는 것은 아무런 의미가 없다. 그러한 내용은 주요 경영진이 공유할 수 있도록 해야하며, 종국적으로는 전 직원 모두가 고민할 수 있도록 하는 것이 가장 바람직하다.

이를 모두 실천하고 공유하기 위해서는 사업환경 분석 미팅, 상품개발 브레인스토밍, 기술동향 세미나 등을 정기적으로 열고 참석을 독려하는 문화를 만들어야 한다.

2. 외부 전문가의 도움은 특권이다. 산학협력을 최대한 활용하자.

기술개발사업에 참여해야만 산학협력을 할 수 있는 것은 아니다. 물론 기술개발과제 참여를 통해 산학협력에 접근하는 것도 방법이지만, 과제에 참여하기 위해서는 일정 평가를 통과해야 하는 등 제약이 많아 쉽지 않다. 지속적으로 만날 수 있는 외부 전문가 네트워크를 만들어두고, 정기적인 미팅 등을 추진해보자.

도입
직원
상품
자금
활용

3. 회사의 상품을 만드는 프로세스는 항상 고민의 대상이 되어야 한다.

어느 정도 성장한 기업들이라면 회사 고유의 상품(서비스 포함) 생산 노하우를 가지고 있을 것이다. 그러나 일단 한번 생산을 시작하면 그 생산프로세스 자체에는 관심을 가지지 않게 되기 쉽다.

만약 프로세스를 개발할 당시에 그것이 최선이었다고 하더라도, 상황이 바뀌고 기술이 진보함에 따라 얼마든지 더 좋은 방법이 생겨날 수 있다. 그럼에도 불구하고 대부분의 기업들은 과거의 방식을 관습적으로 유지하는 경우가 많다.

항상 새로운 기술과 프로세스에 대해 열린 마음을 갖도록 하자. 특히 정기적(분기 1회 정도가 적당하다)으로 기존 생산프로세스를 점검하여 효율성을 평가해 보는 것이 좋다.

체크포인트 ❺

관리 대상	항목	체크
CEO의 혁신활동	월 1회 이상 혁신과 관련한 독서모임/세미나 등을 한다.	
	회사 내에서 혁신과 연계된 정기회의를 운영하고 있다.	
	직원들에게 외부의 기술혁신 동향 세미나 참석 등 혁신네트워크 구축 활동을 하도록 유도한다.	
외부 전문가 협력	지역 내에서 기술개발과제 공고 시 가능성 여부를 상시적으로 점검한다.	
	최근 1년 이내에 R&D 과제 등 외부전문가와 연계되는 공공지원사업에 참여한 경험이 있다.	
	외부전문가와 만날 수 있는 정기적 모임/협력프로그램을 진행 혹은 참여하고 있다.	
생산과정 혁신	회사 내의 상품(서비스)생산 방법을 규정한 문서가 있다.	
	생산과정 개선과 관련하여 회사 내부에 정기적인 회의가 있다.	
	기존의 생산과정 혁신을 위하여 외부 전문가의 도움을 받은 적이 있다.	

추천합니다 | **리더**의 **혁신참여**와 **생산관리**의 방법을 설명한 책

씽크이노베이션 – 경쟁자가 못하는 것을 하라

노나카 이쿠지로, 가쓰미 아키라 저 ● 남상진 역 ● 북스넛

성공한 기업의 리더들은 어떻게 성공적인 혁신을 이끌었는가? 일본의 성공적인 혁신사례 13편을 통해, 그토록 눈부신 성공을 달성하기까지 그들이 실천했던 혁신을 읽기 쉽게 분석해 보여준다. 스포츠카로 세계 최다 판매량을 기록하며 기네스북에 오른 마쓰다의 로드스타, '스포츠카 시대는 이미 지났다'는 많은 이들의 우려를 불식시키고 걸작을 탄생시킨 혁신의 힘은 어디에 있는가? 세계 최초의 '물로 굽는 오븐'이라는 공전의 대히트 상품을 만든 샤프, 해로운 전자파를 음식에 직접 쪼이지 않고 수증기로 음식을 조리함으로써 웰빙 조리기로 각광을 받으며 단숨에 시장을 석권한 비결은 어디에 있는가? '양'이 아닌 '질'로의 전환, '연속'이 아닌 '비연속'의 허용, '비슷한 물'에서의 경쟁이 아닌 '다른 물'로의 도약, 현재의 '연장'이 아닌 새로운 '미래창조'……. 그런 혁신을 일으킬 수 있는 사람과 기업이 결국 정상에 선다.

기업에서의 혁신이란 기술에 그치지 않고 생산방식, 영업방식, 조직과 사람 혁신, 시스템 개혁 등 모든 분야에 관련된다. 그 중에서도 획기적인 히트상품이나 대성공을 거둔 사례들을 보면서, 경영자와 근로자 모두에게 요구되는 혁신 능력과 조건을 제시하는 것이 이 책의 주요 목적이다.

목차

1. 마침내 정상에 선 사람들
2. 이상주의적 실용주의가 낳은 빅히트
3. 대박으로 연결된 무대 생성 능력
4. 시장을 석권한 지식의 링크
5. 업계를 평정한 감정의 지식
6. 논리를 초월한 승부사의 감
7. 옳은 것을 추구하는 삶의 자세
8. 성공의 본질

돈 잘 버는 회사들이 선택한 생산관리 테크닉99

스가마 쇼지 저 • 정선우 옮김 • 비즈니스맵

이제 비즈니스 세계는 '만들면 팔리'던 것에서 '팔리는 물건을 빠르게 생산'하는 시대로 바뀌었다. 삶의 질을 중요시하는 소비자들의 요구에 따라 다품종 소량 생산으로 시스템이 변화했는데, 여기에서 더 나아가 '동시에 수요가 있는 상품에 대해 즉시 대량 공급'할 수 있는 능력이 중요한 '변종 변량 생산' 시대가 다가왔다. 『돈 잘 버는 회사들이 선택한 생산관리 테크닉 99』는 생산관리의 개념부터 필요성, 현황, 계획 및 통제의 진행방법 등 효과적인 생산관리에 필요한 이론 및 실무지식을 체계적으로 정리하였다.

저자는 세계적인 기업으로 성공하기 위해서는 효율적인 생산관리가 특히 중요시된다고 말한다. 그리고 비용삭감을 철저히 하여 원가 개선을 실현한 도요타자동차의 '저스트 인 타임(Just In Time) 생산방식', '도요타 생산방식'(자동차를 주축으로)을 소개하며 21세기의 비즈니스 환경에 맞는 생산관리에 대한 더 깊은 이해를 돕는다

이처럼 여러 사례를 제시함에 따라 각종 생산관리에 대한 개괄적이고 기본적인 개념을 익히는 데에 도움을 얻을 수 있다.

목차

협력

하나의 중소기업이 부가가치의 개발, 생산, 전달의 모든 활동을 직접 할 수는 없다. 따라서 개발된 자신의 역량을 극대화시킬 수 있는 파트너를 찾는 것은 회사의 성장을 위해 가장 중요한 활동이다.

도입
직원
상품
자금
활용

성공은 사업협력으로부터 나온다

"비즈니스 모델을 만들었고, 이를 구체화하여 나만의 상품을 드디어 만들었다. 이제 우리 회사는 매출이 발생하고 있다. 나만의 상품을 가지고 시장에 도전하고 있다. 그러나 만족스러운 수준은 아니다."

왠지 내 이야기처럼 들리지 않는가? 그렇다. 저자가 만났던 대부분의 기술기업 CEO들이 하는 고민이다. 고생 끝에 상품을 만들어서 시장에 출시했지만, 시장은 그다지 많은 관심을 보이지 않는다. 성공을 위해서 나의 역량을 다했고, 회사에 있는 직원들은 종종 밤을 지새우며 일을 했음에도 시장의 반응은 뜨겁지 않다.

무엇이 문제인가? 어떻게 이를 극복할 수 있는가?

이 장에서는 왜 다른 업체와의 사업협력이 필요하고, 그러한 협력을 위해서는 어떤 과정을 거쳐야 하는지에 대해 간략히 소개하고자 한다.

1. 왜 나의 역량을 객관적으로 봐야 하는가?

항상 나는 옳고, 뛰어나며, 내가 가진 기술은 최고인가? 누가 보더라도 뛰어난 그런 기술과 역량을 보유하고 있는 곳은 얼마나 될까?

스티브잡스가 이끌던 시절의 애플도 소비자경험에 입각한 새로운 컨셉의 상품을 개발하는 역량은 인정받았지만, 기술개발능력은 경쟁업체인 삼성에 비해서 떨어지는 것으로 평가되었다. 그럼에도 애플은 세계 최고의 경쟁력을 보유한 업체가 되었다. 그것은 단순히 최고의 기술을 보유하고 있었기 때문이 아니라, 최고의 파트너를 조합할 수 있는 가치조합 능력을 가지고 있었기 때문에 가능하였다.

즉 파트너사의 협력을 이끌 수 있는 나의 역량은 무엇이고, 파트너로부터 무엇을 얻을 것인지 아는 것이 중요하다. 그리고 이를 위해서는 우선적으로 나의 역량을 객관적으로 파악해야 한다.

2. 외부환경을 어떻게 파악할 것인가?

우리가 상품을 팔아서 수익을 거두어야 할 시장은 계속 변화한다. 시장만이 아니라 고객도 바뀌고 기술환경도 바뀌며 심지어는 국제적 질서도 바뀌고 있다. 그리고 이에 따라 우리의 사업은 우리도 알지 못하는 사이 크고 작은 영향을 받게 된다. 따라서 외부환경을 파악할 수 있는 나만의 프로세스를 확보하는 것은 무척 중요하다.

3. 협력파트너를 어떻게 찾을 것인가?

나에게 딱 맞는 맞춤형 파트너는 어디에 있는가? 우리가 애플 같은 세계적 기업이라면, 협력파트너는 줄을 설 것이고 우리는 고르기만 하면 될 것이다. 그러나 우리는 우리에게 적합한 파트너를 만나기 위해 비슷한 처지의 CEO를 자주 만나야 하고, 그들과 대화하면서 서로 협력할 수 있는 상황인지 아닌지를 타진해야 한다. 그러므로 지금 상황 그대로는 나에게 딱 맞는 파트너가 없다고 가정하고, 적합한 파트너를 열심히 찾아 설득하고 협력하는 방식을 개발해야 한다.

전략적인 사업협력

요약

먼저 나 자신부터 알아야 한다.
회사의 핵심역량은 CEO의 역량, 직원들의 능력, 물적 및 지적 자산 및 영업관계 등으로 형성된다. 이 중에서도 다른 사람이 관심을 가질 수 있는 나의 핵심역량을 늘 파악하고 있어야만 그것을 더욱 개발시킬 수 있으며 협상조건을 제시하기에도 용이하다.

외부환경을 파악하기 위한 틀을 가지고 있어야 한다.
산업적 변화, 시장변화, 경쟁환경과 고객 및 기술적 동향까지 회사 외부의 사업환경은 수시로 변화하기 마련이다. 이를 쉽고 명시적으로 파악할 수 있는 생각의 틀을 가지는 것이 빠른 협상전략 수립의 지름길이 된다.

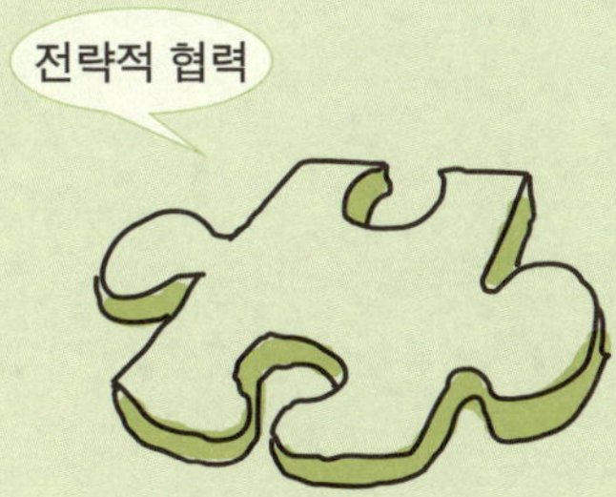

상시적인 협력이 가능하도록 협력의 조건을 미리 만들어야 한다.
내부역량과 외부환경을 파악하고 있다면, SWOT분석을 통한 경영전략 수립의 기초적인 조건은 만들어진 것이다. CEO는 자신만의 판단 근거를 정립해 내부역량 및 외부환경의 변화에 대응할 수 있는 협력의 조건을 파악할 수 있어야 한다.

전략적인 사업협력 구성도

중소기업의 사업확장은 결국 어떻게 협력전략을 수립하고 이를 실행하느냐에 달려 있다. 이를 위한 내부역량 파악, 외부환경분석, 그리고 사업전략의 수립은 기술경영의 요체가 된다.

외부 파트너와의 전략적 협력관계를 구축하고 실행하기 위해서는 나의 핵심역량을 파악하고, 외부의 환경 변화에 대해서도 잘 알고 있어야 한다.

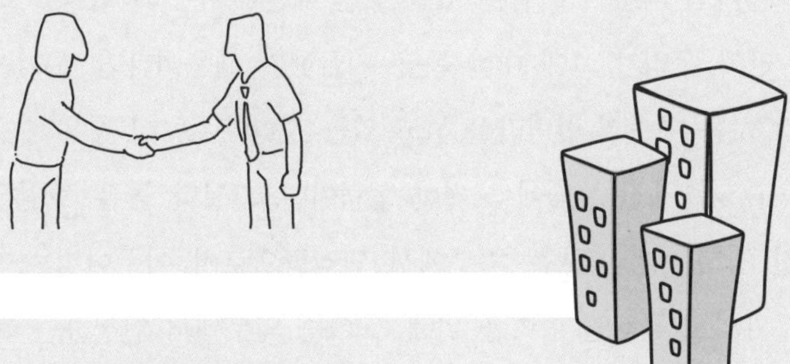

사업협력

목적 : 사업모델 확대

전략적인 사업협력을 위한 체크포인트

1. 경쟁력 있는 내부역량이 무엇인지 파악한다.

내부역량은 기업이 사업을 추진할 수 있는 능력을 가리킨다. 이 능력을 기반으로 기업은 외부와 경쟁을 하게 되는데, 이에는 조직역량과 자산, 현금동원능력, 영업권 등이 포함된다.

몇몇 대기업과 달리 대다수의 중소기업은 이 모든 분야에서 동시에 경쟁력을 갖추기 힘들다. 때문에 중소기업은 사업을 함에 있어서 외부와의 협력이 절대적 조건이 되며, 이를 기반으로 성장이 가능해진다.

그렇다면 외부의 기업은 어떤 조건 때문에 우리와 협력을 하려고 할까? 만약 우리가 그에 대한 돈을 지급했기 때문이라면, 우리는 그들과 가장 낮은 수준의 협력만을 하고 있는 것이다. 좀 더 높은 수준의 협력은 CEO가 가진 능력에 근거한 협력이며, 그보다 높은 차원은 회사가 가진 경쟁우위 역량을 외부에서 인정함으로써 이루어지는 협력이다. 외부와의 성공적인 협력을 위해 CEO는 외부에서 인정하는 회사의 역량이 어떤 것인지 파악하고, 이를 기초로 협력전략을 수립해야 한다.

2. 변화하는 외부환경을 분석할 틀을 갖춘다.

지금은 변화의 시대이다. 변화의 속도는 갈수록 빨라지고 있으며, 변화에 빠르게 대응하지 못한 대가는 과거와는 비교할 수 없을 정도로 혹독하다. 따라서 외부환경의 변화를 단순히 신문이나 방송을 통해 파악하는 정도에 그친다면, 정말 필요할 때 아무것도 할 수 없게 된다.

외부환경의 파악을 위해서는 조사대상을 선정하고 분석도구를 미리 만들어서 정기적인 분석을 해야 한다.

3. 협력의 조건을 미리 만들어서 협력파트너를 항상 찾아야 한다.

협력전략을 수립하는 것은 내게 필요하기 때문에 하는 일이다. 따라서 누군가가 내가 가진 우월한 조건을 보고 찾아오기를 기다린다면 협력은 요원해진다. 제한된 자원을 가지고 있는 중소기업이 자신만의 힘으로 기술을 개발하고 상품을 출시하는 것은 위험도를 높이고 새로운 사업기회를 낮추는 일이 될 뿐이다.

외부 기업과의 협력을 성사시키기 위해서는 지역 내의 경영자 커뮤니티에 참석하는 것이 중요하다. 아무리 인터넷 등 다른 매체가 발달하더라도 직접 만남 이상의 효과를 기대할 수는 없기 때문이다.

체크포인트 ❻

관리 대상	항목	체크
내부역량 파악	CEO 및 경영진이 가진 역량을 회사 내 누구나 알고 있으며 이에 동의한다.	
	누구나 수긍하는 회사가 가진 핵심역량의 정의가 있다.	
	회사의 핵심역량을 설명한 자료가 있다.	
외부환경 분석	외부환경에 관심을 가지고 있으며, 이와 관련한 논의를 핵심경영층이 수시로 진행하고 있다.	
	외부환경분석을 할 수 있는 분석틀이 있다.	
	외부환경분석을 회사 내의 임직원들간에 정기적, 공식적으로 하고 있다.	
협력전략 실행	정기적으로 참여하는 지역 내 CEO 모임이 있다.	
	회사 내부에서 만든 외부 협력 전략을 가지고 있다.	
	한번이라도 외부와의 전략적 제휴를 실행한 적이 있다.	

전략 기획 전문가 조철선의 기획 실무 노트

조철선 저 ● 아인북스

사업 전략에서 기능별 전략에 이르기까지 다양한 기획 기법을 소개한 책. 『전략기획전문가 조철선의 기획 실무 노트』는 SK㈜ '팡이제로' 상품기획 담당에서부터 교보문고 기획실장까지 수많은 기획 경험을 가진 저자의 경영 기획 노하우를 담고 있다. 전략적 사고에서 전문적인 기획 기법과 기획 사례까지 경영 기획의 모든 것을 체계적으로 보여준다.

가장 먼저 전략적 사고의 방법에 대해 설명한다. 최신 기획 기법을 알고 있더라도 속 알맹이인 전략적 사고가 없다면 성공할 수 없고, 혹시 요행으로 성공하더라도 오래가지 못한다. 따라서 이 책은 모든 상황에 유연하게 대처하며 장기적으로 실행할 수 있는 전략 기획을 가능하게 하는 전략적 사고를 강조한다. 다음으로는 경영 기획, 기획 방법, 기획서 작성, 기획 실행 등 기획의 전 과정을 자세하게 설명한다. 특히 경영 기획서 작성에 많은 페이지를 할애하여 어떤 형식으로 기획서를 작성해야 하는지에 대해 각 분야의 다양한 예시를 들어 설명하고 있다.

목차

기술마케팅 – 연구 · 개발자를 위한 마케팅 전략과 실행시스템

고교투, 복도창일랑, 이등무지 저 ● 서상혁, 조성복 옮김 ● 경문사

이 책은 현재까지 발전해 온 마케팅 이론을 활용하여, 상품개발을 우선으로 하는 분야의 마케팅 활동을 체계적이고 이론적으로 해설하고 있다.

특히 연구개발자 출신의 기획자가 어떻게 하면 자신이 가진 역량을 마케팅에 적용할 수 있는지에 대해 이론은 물론 실제적인 양식과 사례를 들어 설명하고 있어, 이런 이론들에 익숙하지 않은 CEO들이 보기에 유용하다.

다양한 경영전략이론과 틀에 대해 간략히 소개하고 있어, 경영학적 지식이 부족한 사람도 이에 대해 개괄적으로 이해하기에 적합하다. 또한 기술혁신이라는 목표를 달성하기 위한 생각의 도구를 제공하고 있어 지속적인 응용에도 도움이 될 수 있다.

물론 이 책에는 개괄적인 소개와 적용 방법 정도만 제시되어 있으므로 더욱 구체적인 실례와 심도 깊은 이론을 공부하고 싶다면 또 다른 자료를 참조해야 할 것이다.

목차

1. 기술마케팅이란?
2. 마케팅 전략수립 · 실행의 개요
3. 기술에서 발견된 마케팅 전략 콘셉
4. 기술마케팅 전략의 수립
5. 기술마케팅 전략실시를 위한 포인트
6. 기술마케팅 전략을 위한 조직체계
7. 기술마케팅 전략을 위한 조직 인프라

Chapter

3

Money
자금을 만들자!
키우자! 관리하자!

위험관리 – 사업의 생명줄, 돈을 관리한다는 것!

사업에서 돈이 문제가 되는 때는 항상 중요한 시점이다. 특히 결정적인 의사결정이 필요할 때, 늘 돈 얘기가 나온다. 그러므로 돈을 잘 관리한다는 것은 의사결정을 잘 할 수 있다는 의미이며, 이는 위험을 피할 수 있는 핵심 조건이 된다.

기업의 자산, 부채, 자본이 어떻게 구성되어 있는지를 의미하는 재무구조는 기업의 장기적인 지급 능력을 결정하므로 매우 중요하다. CEO는 항상 기업의 자금 상태에 대해 면밀히 파악하고 있어야 하며, 창업기, 개발기, 성장기 각각의 발전 단계에 따라 자금의 관리 및 대응방향을 달리 해야 한다.

창업기는 사업 초기 자신의 생각에 빠져서 시작했을 수 있는 사업의 실제 실현 가능성에 대해 점검 받아야 하는 시기이다. 개발기에는 상품의 양산을 위해 외부의 다른 사람에게 사업을 인정받아야 하며, 성장기에는 안정적인 성장을 위하여 시스템적인 현금흐름관리가 필요하다. 이러한 각각의 단계에서 자금을 만들고 키우고 관리하기 위해 어떻게 대응해야 하는지 검토해 보도록 하자.

1. 새로운 사업을 할 때 정책자금을 활용하는 것이 좋은 이유는?

자신의 사업 성공 가능성에 대해 완벽하게 확신할 수 있는가? 얼마나 객관적이고 공정한 평가와 판단 과정을 거쳤는가?

정책자금의 심사과정은 그 자체로 사업을 보다 객관적인 기준에서 평가할 수 있도록 도와주며, 차후 발생할 수 있는 여러 위험을 미리 판단하고 줄여주는 역할을 한다. 따라서 정책자금은 그 자체뿐 아니라 심사과정의 활용을 통해 사업계획을 확인하고 현실 구현 가능성을 점검하여 시행착오를 줄일 수 있게 해 준다.

2. 어떻게 외부로부터 나의 사업을 인정받을 것인가?

외부의 투자자로부터 자금을 지원받기 위해서는 사업계획서를 작성하게 되는데, 그 내용은 회사의 역량과 환경분석의 결과 등을 객관적으로 분석하고 그에 따른 전략계획을 논리적으로 설명한 것이어야 한다. 이러한 활동을 위해서는 CEO 스스로가 자신의 사업을 객관적인 시각으로 파악하고 있는 것이 중요하며, 이를 토대로 자신이 투자자로부터 어느 정도의 가치를 인정받고 있는지 확인하는 것이 필요하다.

3. 현금흐름 관리는 왜 시스템을 통해 해야 하는가?

기업은 자기만의 현금흐름 관리 방법을 가지고 있어야 하는데, 이는 다양한 상황의 변화에 대응하여 적절한 의사결정을 할 수 있도록 돕기 위한 것이다. 특히 현금흐름이 예상했던 바와 다를 경우 즉각적으로 원인을 분석하고 대처하기 위해서는 체계화된 가이드가 필요하다. 따라서 사전에 엑셀 등의 스프레드시트를 사용하여 각 상황 별로 변경되는 조건을 기술해 넣을 수 있는 양식을 만들어놓으면, 각 상황에 따른 의사결정 시 참고할 수 있다.

자금관리를 위한 성공 체크포인트

1. 사업을 시작하기 전에 객관적으로 확인받는 작업이 필요하다.

자신의 사업에 대해서 일말의 불안감도 없고 100% 성공에 대한 확신이 있다면, 바로 은행 혹은 지인에게 돈을 빌려서 사업을 시작하면 된다. 실제로 그렇게 시작하는 사람도 많다. 그러나 그렇게 시작한 많은 사람들이 패배의 쓴 잔을 마시는 것이 사실이다.

좋은 아이디어와 사업을 할 수 있는 계기가 있다면, 설령 자신에게 다소의 여유자금이 있다 하더라도 먼저 정부의 정책자금을 받을 수 있는 길을 알아보기를 권하고 싶다. 정책자금을 심사하고 평가하는 사람들은 사업을 보다 객관적으로 볼 수 있도록 도움을 줄 수 있으며, 정책자금의 심사 과정은 그로부터 발생할 여러 위험을 줄여줄 수 있는 시스템을 제시해 준다. 정책지원자금은 단순한 자금지원에 그치는 것이 아니라, 사업에 필요한 사업계획서를 쓰도록 CEO에게 요구하고, 이를 어떻게 실현시킬지를 확인하며, 초기 만들었던 계획의 현실성을 보다 객관적인 시각으로 판단할 수 있도록 해준다.

이처럼 객관적인 시각을 얻기 위해서는 나름의 노력이 필요하다. 양식에 맞는 서류들과 함께 준비한 결과물들은 오랜 시간에 걸친 시행착오를 통해 만들어진 것들이 대부분이다. 즉 실제 사업에 필요한 것들을 이렇게 정책자금 준비 과정에서 미리 준비할 수 있는 것이다. 우리나라에서 사업에 실패할 경우 CEO가 겪어야 하는 가혹한 상황을 고려한다면, 이 정도의 번거로움은 당연히 감수해야 할 것이다.

물론 때로 양식에 맞는 서류와 환경을 준비하기 위해, 필요 이상의 시간과 비용이 소요되는 경우도 발생할 수 있다. 그렇지만 이정도 수고로움은 그 혜택에 비하면 작은 것이다. 만약 당장 사업을 진행해야 할 정도로 시간을 다투는 일이 아니라면, 사업 시작 시점에 정책자금을 활용할 수 있는 방법을 우선적으로 알아보자.

2. 투자를 받기 위해서는 자신의 사업을 객관적으로 봐야 한다.

일반적으로 용역 혹은 단순 시제품 생산 등을 벗어나 양산 혹은 정형화된 상품을 생산, 판매하기 위해서는 외부의 자금이 필요하다.

우리나라에서 이러한 외부자금을 확보하는 방안에는 두 가지가 있다. 하나는 기존 매출의 영업적 가치 혹은 회사가 보유한 기술 가치를 담보로 자금을 융자받는 방법이고, 다른 하나는 회사의 성장 가능성을 담보로 하여 창업투자회사 등으로부터 투자를 받는 것이다.

만약 회사가 안정적인 매출을 지속적으로 확보하고 있다든가, 기술가치 평가 결과가 높아서 필요한 자금에 대한 충분한 보증을 받을 수 있다면 우선 이를 활용해 보자. 신용보증기금 혹은 기술보증기금 보증서만 받을 수 있다면 정책자금 융자를 받는 것은 어렵지 않다. 정해진 절차를 따르면 되고, 이에 대해 안내해주는 곳도 많다.

그러나 초기 기업 혹은 충분한 매출원이 없는 기업의 경우 외부로부터 투자를 받아야 한다. 이때 필요한 것이 투자자용 사업계획서이다. 이러한 투자자용 사업계획서(혹은 보증서를 받기 위한 사업계획서도 내용은 거의 같다)는, 그 사업계획서를 보는 사람을 설득할 수 있을 만큼의 객관적인 사업성을 가지고 있어야 한다. 회사의 역량을 객관적으로 설명하고, 환경분석의 결과와 그에 따른 전략계획을 논리적으로 설명할 수 있어야 한다. 이러한 활동을 위해서는 CEO가 투자유치(IR) 활동에 익숙해질 필요가 있다.

외부 전문가의 도움을 받아 투자자를 위한 사업계획서만 만든다고 투자를 받기 위한 준비가 끝나는 것이 아니다. 본인이 직접 그 내용을 이해하고 내가 투자자로부터 어느 정도 가치를 인정받고 있는지 확인하는 것이 더 중요하다.

3. 매출이 발생하는 시점부터 현금흐름 관리가 진행되어야 한다.

현금흐름 관리가 정말로 중요해지는 시점은 외부의 자금이 들어왔을 때부터이다. 은행으로부터 자금을 빌릴 경우에는 상환계획을 세우기 위한 현금흐름 관리가 필요하며, 투자자로부터 투자를 받은 경우에는 투자자에게 보고하기 위한 현금흐름 관리가 필요하다. 특히 외부로부터 투자를 받은 경우, CEO가 회사 내의 자금흐름을 꿰고 있지 않으면 수시로 곤란한 일이 발생할 수 있다. 따라서 이 시점부터 회사경영의 핵심은 매출이며 CEO의 핵심업무는 현금흐름 관리라고 할 수 있다.

매출이 발생하는 시점부터 회사는 자기만의 현금흐름 관리 방법을 가지고 있어야 하며, 이를 활용하여 필요할 때 적절한 의사결정을 할 수 있어야 한다. 현금흐름 관리를 효율적으로 하기 위해서는 간단하게나마 다양한 시나리오에 대한 각각의 대응방향과 자금흐름이 자동으로 표시되는 양식을 가지고 있는 것이 좋다. 사전에 엑셀 등의 스프레드시트를 사용하여 각 시나리오 별로 변경되는 조건을 기술해 넣을 수 있는 전산양식을 만들어 놓으면, 각 상황에 따른 의사결정시 참고할 수 있다.

이러한 양식은, 현재의 현금흐름이 예상했던 바와 다를 경우 원인을 분석할 수 있는 기본적인 가이드가 되어줄 것이다.

예상보다 원가가 올랐는가? 판매가를 낮출 수 밖에 없었는가? 매출이 감소했는가? 이 밖에도 다양한 문제가 현금흐름에 영향을 끼칠 수 있다. 이러한 상황과 조건의 변화를 일목요연하게 들여다보기 위해서는 시나리오 별로 가정조건을 기술할 수 있는 전산양식을 만들어 놓고 수시로 확인해야 한다.

자금확보와 관리를 위한 전략

관리 대상	정책자금	투자유치	현금흐름
핵심 목표	창업자금 확보 객관적 시각 확보	설비자금 확보	운영자금 안정화
달성 방법	정책자금 검색 공공자금 신청	사업계획 작성 투자유치 활동	현금흐름관리표 작성
활동의 결과 점검	정책자금 유치여부	외부자금 투자유치 여부	예상 현금흐름대로 진행한 개월 수

CEO의 자금관리구성도

회사의 자금관리 활동을 요약한 그림이다.
CEO로 대표되는 회사는 회사의 발전시기마다 필요한 자금을 마련해야 한다. 스스로 자금흐름을 만들 수 있을 때까지는 외부의 평가를 통해 자금을 받아야 하므로, 각 시기에 맞는 합리적인 사업계획을 가지고 있어야 한다.

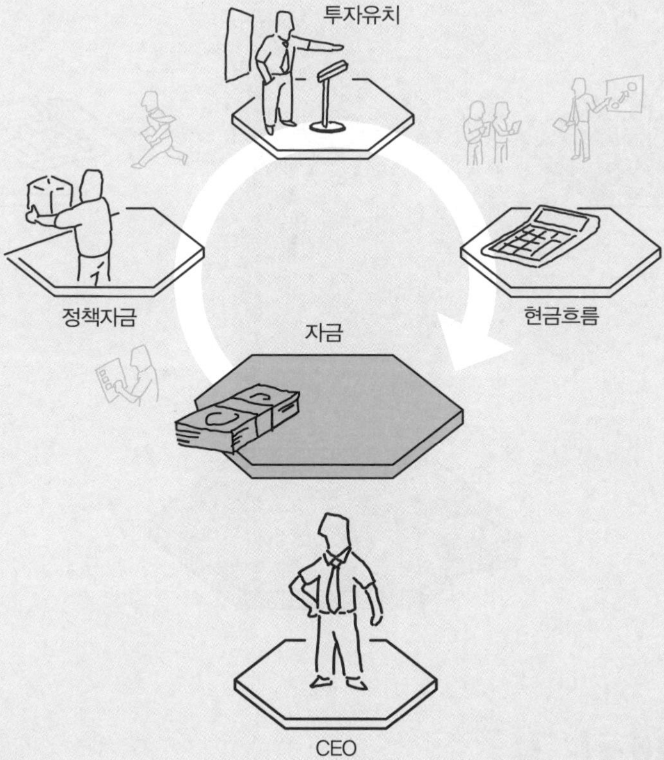

CEO는
결과적으로 자신의 사업역량을 자금관리를 통해 평가받는다.

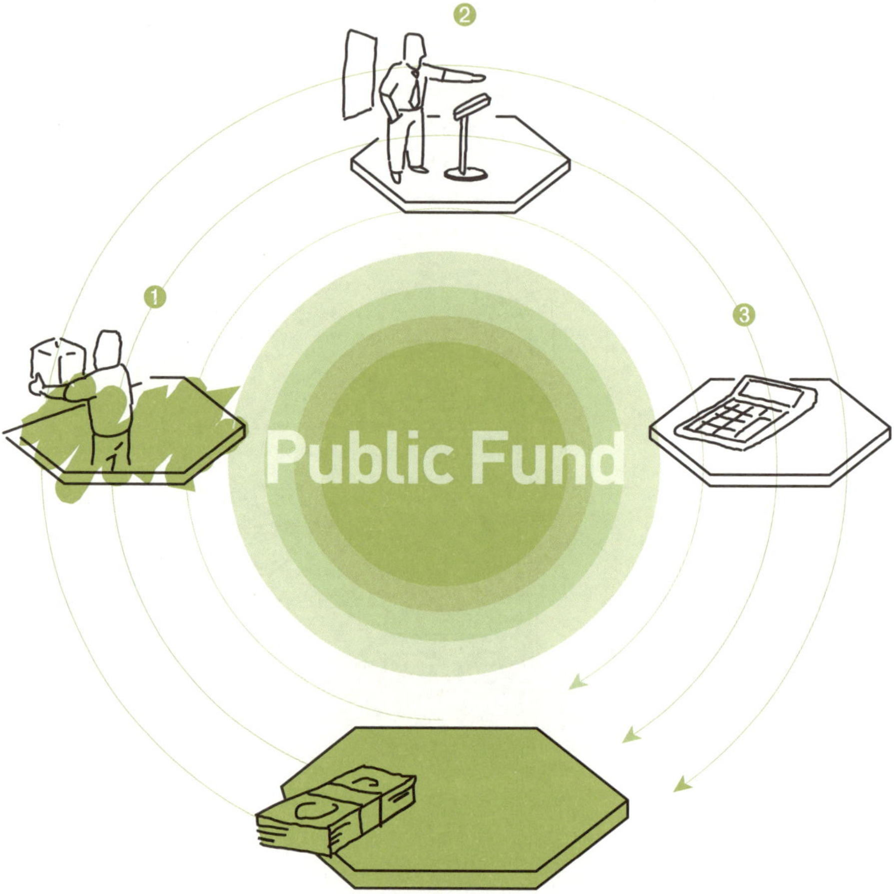

정책자금

기술개발을 시작하기 위해서는 일정 규모 이상의 자금이 필요하며, 이를 마련하기 위해서는 정부의 기술개발지원자금 등 다양한 정책자금을 활용하는 것이 위험부담을 줄일 수 있는 방안이다.

마중물을 만들자

사업을 하기 위해서는 항상 돈이 필요하다. 물론 간단한 아이디어를 개발시켜 작은 규모로 주위에 파는 사업을 한다면, 많은 돈이 필요하지 않을 수도 있다. 경우에 따라서는 지금 내가 가지고 있는 돈으로도 충분할 것이다.

그렇다면 왜 정책자금을 받는 것이 좋을까? 정책자금의 효용은 단지 그만큼의 돈에 국한되는 것일까?

우리 주변에는 우리가 잘 되라는 의미에서 우리를 귀찮게 하는 사람들이 있다. 어릴 때부터 어머니의 잔소리를 들어본 사람이라면, 그 잔소리들이 모두 내가 잘 되기를 바라는 마음에서 하는 것이지, 잘못되라고 하는 경우는 없다는 것을 알고 있을 것이다.

정책자금을 받기 위한 과정도 이와 비슷하다. 즉 정책자금을 받기 위해서는 많은 잔소리를 듣게 되며, 그에 따라 행동해야 할 귀찮은 일들이 수없이 생긴다. 경영을 유지하기에도 바빠 죽겠는데, 뭔가를 만들라고 하고, 무슨 평가를 한다고 하고, 누구를 만나라고 하는 등 잡다한 요구와 평가 기준이 제시되어 성가시다.

그렇지만 어머니의 잔소리가 사실은 다 나를 위한 것이었던 것처럼, 정책자금을 받기 위해 필요한 귀찮은 일들 역시 우리 기업을 발전시키기 위해 설계된 것들이다. 다 피가 되고 살이 된다고 생각하고 도전해 보자.

1. 내게 맞는 프로그램은 어디 있는가?

일단 공공지원 프로그램이 어디에 있는지부터 파악해야 한다. 중기청 혹은 관련 산하기관과 각 시도청 등의 지방자치단체, 테크노파크 등의 산업진흥기관의 웹사이트에 가보면 여러 지원 제도가 준비되어 있다.

그러나 각 프로그램에 대한 설명을 읽어봐도 내게 맞는 프로그램이 어떤 것인지를 파악하기란 쉽지 않다. 문서로 설명된 것들이 실제로 어떻게 실현되는지, 각각의 항목들을 준비하는 데에는 어느 정도의 수고가 필요한지를 짐작하기 어렵기 때문이다. 따라서 직접 겪어보고 부딪히는 것 외에 다른 방법이 없다.

2. 정책자금을 받을 수 있는 논리는 어떻게 구성하는가?

정책자금을 받는다는 것은 국민의 세금을 개인의 사업에 쓰는 것이다. 따라서 자신의 사업을 성공으로 이끌 수 있는 논리 뿐만 아니라, 왜 내가 이 돈을 써야 하는지에 대한 논리도 필요하다. 즉 정책지원 프로그램의 지원 목적을 잘 검토해서 이에 맞도록 사업 논리를 가다듬어야만 정책프로그램의 수혜자가 될 수 있다.

3. 공공사업계획서의 작성은 어떻게 하는가?

공공사업에는 그 나름의 사업논리 및 틀이 있다. 즉 각 사업마다 정해진 자격이 있으며, 이를 판단하기 위한 사업계획서의 작성양식을 명시하고 있다. 그렇지만 이에 맞는 사업계획을 작성하는 것은 익숙하지 않은 사람에게는 쉽지 않으므로, 반복적으로 계속 만들어 시도해보자.

정책자금 신청과정 요약

요약

자금을 받을 수 있는 지원제도의 종류는 아주 많지만, 각 지원제도 별로 선정하는 기업의 수는 그리 많지 않다. 따라서 처음에는 가능한 한 여러 지원제도를 검색하고 여러 번 지원하는 것이 좋다.

정부의 지원제도는 각각의 지원논리를 가지고 있으므로, 정책자금을 받기 위해서는 이에 맞도록 사업논리를 재구성해야 한다. 자금을 받아야 하는 이유와 자신의 사업이 어떻게 공공성에 부합될 수 있는지에 대해 설득력 있게 설명해야 한다. R&D 지원과제의 경우, 연구원이 필요하다면 산학협력 대상이 되는 교수 등과의 네트워크를 사전에 구성한다.

공공지원사업의 신청을 위한 정해진 사업계획 양식들이 있다. 일반적으로 비슷한 형태로 구성되어 있으므로, 한 번 만들어 두면 그 이후 추가 작업이 다소 용이해진다. 다른 곳에서 만든 사업계획을 참고하는 것도 도움이 된다.

정책자금 신청과정 요약

정책자금을 받지 않고도 사업을 시작할 수는 있다. 그러나 성공 확률을 높이기 위해서는 외부의 전문가로부터 객관적인 평가를 받는 것이 좋으며, 이를 위해 정책자금 유치를 시도하는 것보다 좋은 방법은 없다.

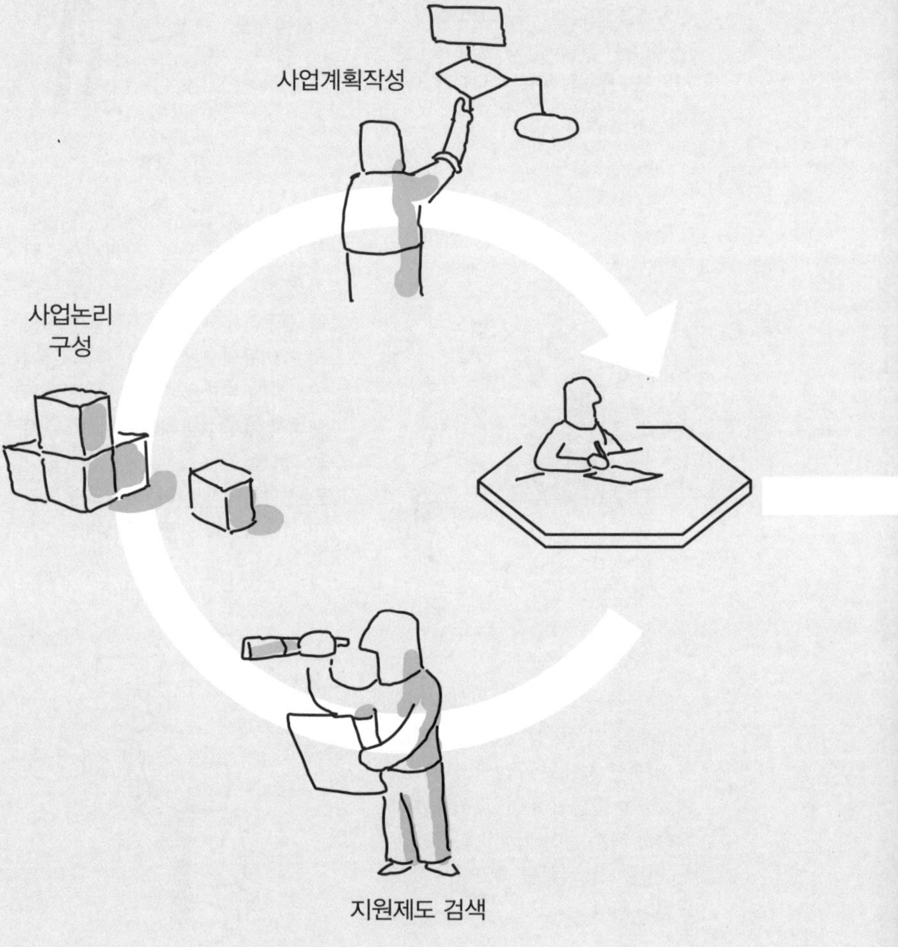

도입
직원
상품
자금
활용

정책자금을 받기 위해서는 일정한 준비를 해야 하며, 그 지원제도에 맞는 논리를 개발해야 한다.

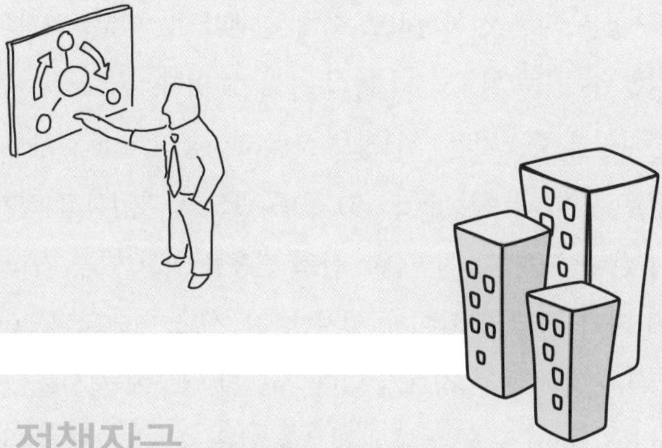

정책자금

목적 : 사업시작을 위한 자금

성공적으로 정책자금을 받기 위한 체크포인트

1. 연초에 지원 가능한 프로그램을 미리 검색하는 것이 좋다.

정부의 정책지원 프로그램은 일반적으로 연초에 큰 틀이 확정된다. 또한 최근에는 이러한 프로그램들이 각 기관의 웹사이트에 바로 공개되고 있다. 따라서 만약 1년 이내에 정책자금을 받을 계획이 있다면, 중요 정책지원사이트에 회원가입을 하고 연초에 관련 지원프로그램 및 일정을 달력에 표시하는 것이 좋다. 이렇게 미리부터 준비를 해야 사업논리 구성을 위한 산학협력도 쉽게 진행할 수 있고, 최적의 프로그램에 지원할 수 있는 기회도 더 많이 가질 수 있다.

중기청의 중소기업지원 정보 포탈(www.bizinfo.go.kr), 정부 기업지원정보 포탈(www.g4b.go.kr) 등은 반드시 가입하고 정기적으로 방문해야 한다. 또한 각 지역별로 산업 진흥을 맡고 있는 기관들이 있다. 지역에 따라 조금씩 차이가 있지만, 각 시도 테크노파크(www.technopark.kr) 등에 관련 정보가 있다. 서울의 경우에는 서울통상산업진흥원(www.sba.kr) 등을 통해서 정보를 얻을 수 있다. 또한 각 시도 홈페이지에도 관련정보가 연계되어 있으므로 이를 참고하면 보다 많은 정보를 얻을 수 있다.

일반적인 산업이 아닌 문화컨텐츠 등 특수한 산업분야의 경우에는 각 부처별 홈페이지 및 산하기관 홈페이지에서 관련 정보를 찾을 수 있다. 포탈검색 등을 통해 관련 홈페이지에 방문해 회원가입을 하면 관련 정보를 보내준다.

또한 정책자금 확보를 위해 중요한 것은 자신이 있는 지역의 중소기업 커뮤니티에 가입하는 것이다. 대부분 지역에 있는 산업진흥기관, 국책 연구원을 중심으로 운영되고 있으며, 각 기관에서 운영하는 교육프로그램을 이수하면 이후에 프로그램 형태로 커뮤니티가 만들어지는 경우가 많다.

정책지원 프로그램은 대부분 지역을 중심으로 할당되므로, 각 지역별 커뮤니티에 밝은 기업이 지원을 받기에 좀 더 유리하다. 따라서, 이러한 커뮤니티 가입 활동을 그저 시간 뺏기는 것이라 생각하지 말고 유지할 필요가 있다.

각 기관에서 보내오는 정보성 메일을 수시로 체크하는 것은 다소 성가신 일이다. 그렇지만 이는 단순한 웹 검색이나 신문구독보다는 생산적인 정보와 보상이 따르는 일이다. 귀찮게 생각하지 말고, 가급적 응대도 하고 신경을 쓰다 보면 언젠가 유용한 정보 혹은 기회를 얻을 수 있는 네트워크가 된다.

2. 공공사업 논리는 돈을 버는 것만으로는 충분하지 않다.

민간투자자를 위한 사업계획이라면, 해당 사업을 진행함으로써 돈만 벌 수 있으면 충분하다. 어떻게 매출이 올라가고, 이를 통해 투자수익률이 얼마나 올라가는지를 설명할 수 있으면 사업계획이 종료되는 것이다. 그러나 공공사업의 경우에는 그 어떤 것보다도 공공성이 가장 중요하다. 때로는 가장 효율적으로 움직일 수 있는 방법이 있음에도 불구하고 절차적 정당성에 따라 움직여야 하는 경우도 있다. 때문에 공공사업 논리를 구성할 때에는 일반적인 사업접근법과는 다르게 접근해야 한다.

가장 주의해야 할 점은 자격과 관련한 부분이다. 민간계획과는 달리, 내가 능력이 있다는 것을 심사하는 사람에게 인식시키는 것만으로는 부족하다. 공공사업계획은 심사하는 사람과 사후에 평가하는 사람이 다르기 때문에, 매번 현재 나의 사업 수행 자격을 객관적으로 검토하기를 원한다는 것이다. 그러므로 사업을 실제로 수행할 능력보다는 객관적으로 수행할 자격이 있는지를 우선시하는 경우가 많다. 따라서 산학협력 등을 통해 연구진을 보완하거나 제휴를 통해 사업능력을 보완하는 노력들이 필요하다.

결과적으로 잘 짜여진 공공사업 논리를 구성하기 위해서는 사업참여자의 범위를 가급적 넓혀서 체계적인 참여 구조를 만드는 것이 유리하다. 민간사업의 경우 사공이 많으면 배가 산으로 간다고 싫어하겠지만, 공공사업의 경우 사업수행에서 오는 위험을 줄이고 보다 많은 기업 혹은 기관에 혜택이 돌아가게 되므로 오히려 권장하는 경우도 많다.

3. 형식을 갖춘 사업계획의 작성을 위해서는 주위의 도움을 받아야 한다.

공공사업의 선정은 기본적으로 객관적인 사업수행능력과 절차적 타당성을 어떻게 확보하고 검증할 수 있는지에 달려있다.

이 중 객관적인 사업수행능력의 점검과 관련해서는 어떤 자격과 경험을 가지고 있는 사람 혹은 기관이 해당 사업에 참여하고 있는지를 판단한다. 일반적으로 평가기관은 일정한 자격을 갖춘 사람들이 체계를 갖추고, 능력 있는 총괄책임자가 수행하는 사업을 가장 선호한다.

다음은 절차적 타당성의 확보이다. 이를 위해서는 정해진 양식과 논리를 갖춘 사업계획을 만드는 것이 중요하다. 이러한 사업계획을 만드는 것은 결코 쉽지 않으며, 상당한 시간이 걸리는 일이다. 설령 선정되지 않더라도 사업계획을 만들어 연습해 보는 것이 중요한데, 대부분의 공공사업에서 요구하는 양식은 서로간에 유사하기 때문이다.

아울러 외부의 잘 만들어진 사업계획서를 확보하여 벤치마킹하는 것도 필요하다. 누구나 처음부터 잘 만들 수는 없으므로, 잘 만들어진 사업계획서를 확보하여 참조하자.

체크포인트 ❼

체크 분야	항목	체크
공공사업검색	월 2회 이상 정기적으로 방문하는 공공지원 웹사이트가 2곳 이상 있다.	
	지역 내에 정기적으로 활동을 하는 CEO 모임이 있다.	
	지역 내 공공지원기관과 연계되어 정기적으로 상담하고 있다.	
사업논리의 구성	공공사업과 민간사업의 논리 구조를 이해하고 있다.	
	바로 산학협력을 할 수 있을 정도로 친한 대학교수가 인근 지역에 있다.	
	현재 염두에 두고 있는 공공사업이 있으며, 이를 위한 사업논리를 생각하고 있다.	
사업계획서 작성	과거 공공사업계획서를 작성해서 신청한 적이 있다.	
	공공사업계획서 작성을 직접 해본 적이 있다.	
	각 공공지원사업별로 어떻게 사업계획서 구성이 달라져야 하는지를 이해하고 있다.	

읽고 싶은~ 보고서 · 제안서

패트릭 포사이스 저 ● 이진원 옮김 ● 비즈니스맵

이 책은 고급 글쓰기 기술을 총 정리하였고, 재미있는 일러스트, 심플한 도표와 다양한 사례를 곁들여 쉽게 이해하고 활용할 수 있도록 하였다.

본문은 먼저 글쓰기의 대원칙, 즉 본격적인 글쓰기에 앞서 알아야 할 것들을 소개한다. 그런 다음 보고서 폼 잡기, 보고서 작성의 흐름 꿰뚫기, 문장과 숫자 올바르게 제시하기, 제안서를 위한 지침, 커버레터 쓰기, 눈에 확 들어오는 시각자료 활용법 등 실전 보고서 및 제안서 작성에 필요한 세부 스킬을 자세히 설명하였다. 또한 보고서와 제안서를 빛나게 하는 프레젠테이션 방법도 알려준다. 보고서, 비즈니스 레터, 제안서에 관한 조언을 재미있는 일러스트와 사례를 통해 제시하고 있어서, 공공사업제안용 보고서 작성에 대한 기본적인 생각을 정리하는 데에 도움을 준다.

목차

1. 글쓰기의 대원칙!
2. 형식도 능력이다, 보고서여 폼을 잡아라!
3. 보고서 작성의 흐름을 꿰뚫어라!
4. 매혹적인 글, 먼저 문장을 장악하라!
5. 똑 부러진 보고서, 숫자부터 다르다!
6. 영업의 꽃, 제안서 완전정복!
7. 눈이 즐거우면 쉽게 읽힌다!

중소기업종합지원정보 : 비즈인포

http://www.bizinfo.go.kr

중기청에서 진행하는 모든 지원사업을 표시해주는 사이트이다. 한국에서 중소기업을 하는 사람이라면 반드시 회원가입을 할 필요가 있다.

특히 일반지원정책 관련 정보가 많다.

국가종합전자조달 : 나라장터

http://www.g2b.go.kr

정부에 납품하는 모든 용역 및 상품에 대한 입찰을 대행하고 있는 곳이다. 중소기업의 경우 초기 국가조달품목을 통하여 성장하지 못하면 경쟁력을 확보하기 어려운 경우가 많다. 지역에 있다면 수시로 입찰품목을 확인해서 도전해보도록 하자.

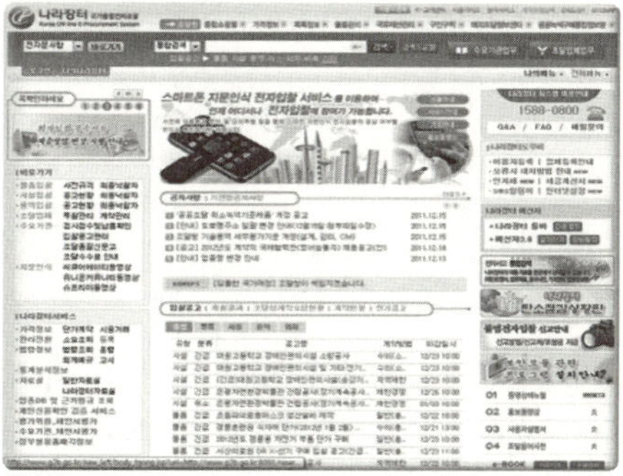

투자유치

개발된 기술의 상업화를 위해서는 일정 규모의 외부자금이 필요한 경우가 대부분이다. 적절한 투자유치를 할 수 있다면, 사업을 본 궤도에 올리는 시간을 줄일 수 있다. 이를 위해서는 투자자를 설득할 수 있는 논리를 개발하는 것이 필요하다.

전문가로부터 내 사업을 인정 받는다

기업이 투자를 받기 위해서는 다른 사람이 내 사업에 대해 인정해야 한다. 특히 기업에 대한 투자를 담당하는 사람들, 즉 투자심사역은 이러한 분야에 있어서 자신들만의 노하우와 경험을 가지고 있는 사람들이므로 그들로부터 인정을 받기 위해서는 많은 준비가 필요하다. 단순히 '내 사업은 뛰어나다', 혹은 '내 기술은 차별적이다', '누구나 인정하고 있다'라는 식으로는 부족하다.

제 3자인 전문가들이 우리 사업을 인정하게 하기 위해서는 준비가 필요하다. 대표적인 것이 투자유치용 사업계획서이다. 이러한 사업계획서를 만들기 위해서는 자신의 기업을 어떻게 성장시킬 것인지에 대한 계획이 서 있어야 하며, 이러한 계획을 정교한 분석틀을 통해 설득할 수 있어야 가능하다.

이후에는 어떠한 투자자가 오더라도 사용할 수 있는 투자자용 사업계획서를 가지고 있어야 한다. 설령 당장 투자유치가 필요없더라도 투자자용 사업계획은 필요하다. 왜냐하면 가장 중요한 핵심투자자인 회사의 임직원들과, 무엇보다도 CEO 자신이 납득하기 위해서이다.

1. 기업의 성장로드맵은 왜 필요한가?

회사를 경영하는 이유는 무엇인가? 돈을 벌기 위해서인가? 자아실현을 위해서인가? 우리나라 경영자들에게 이와 같은 질문을 한다면 다양한 대답이 나올 것이다. 그러나 미국 유가증권시장에 상장된 기업들의 최고경영자에게는 오로지 한 가지 목표뿐이다. 성장! 성장을 하지 못하면 그 기업은 투자자에게 아무 의미가 없기 때문이다. 외부로부터 투자를 받고자 한다면, 회사의 성장계획을 명확히 설명할 수 있어야 한다. 또한 성장로드맵도 구체적으로 작성해야 한다. 따라서 경영과 관련한 여러 가지 분석틀이 필요하다.

2. 경영전략 분석틀은 MBA나 쓰는 것이 아닌가?

투자자들은 현실적인 사람들이다. 그들은 무엇보다 수익성이 있는지 없는지를 검토하고자 한다. 그에 대해 가장 객관적으로 검증된 틀은 바로 MBA에서나 배우는 것으로 치부되던 경영분석틀이다. 지금은 많이 일반화된 SWOT분석에서부터 경제성평가까지, 그들의 언어로 이야기할 수 있어야만 투자자를 설득할 수 있음은 자명하다.

3. 투자유치용 사업계획서를 항상 가지고 있어야 하는가?

회사 내의 가장 중요한 투자자는 CEO자신이다. 회사의 임직원들도 마찬가지로 회사에 자신의 인생을 투자하고 있다. 따라서 CEO자신과 임직원, 그들의 가족 등 가장 중요한 투자자를 설득할 수 있도록 논리적인 사업계획은 항상 준비되어 있어야 한다.

외부로부터의 투자유치는 그 다음 일이다. 상시적으로 투자자를 위한 사업계획을 준비하고, 정기적으로 가장 중요한 투자자인 임직원을 설득하는 작업은 매우 즐겁고도 중요한 일이 되어야 한다.

투자유치 과정 요약

요약

성장하지 않을 회사에 투자하는 투자자는 없다. 어떤 방식으로 언제쯤 얼마나 성장할 계획인지를 CEO의 말이 아닌 규격화된 문서로 보여줄 수 있어야 한다.

주어진 환경에서 성장목표를 달성할 수 있는 논리적인 경영전략을 수립해야 한다. 언제 어떤 방식으로 투자하고, 이를 위해 어떤 합리적인 전략을 세웠는지에 대해 체계적인 분석틀을 토대로 설명한다. 회사 내에서 이러한 내용을 작성하여 누구나 쉽게 이해할 수 있도록 공유하자.

투자자용 사업계획서에는 외부환경, 내부역량분석과 이를 토대로 한 경영전략, 재무적 투자자를 위한 재무계획이 포함되어 있어야 한다. 그리고 이를 토대로 투자자를 설득할 수 있는 투자유치제안서를 만든다. 투자유치제안서는 수시로 수정을 하면서 회사의 사업방향을 점검하는 용도로도 사용된다.

투자유치 과정 요약

투자유치를 위해서는 회사 내부의 준비가 필요하다. 아래의 그림은 그 준비과정이다.

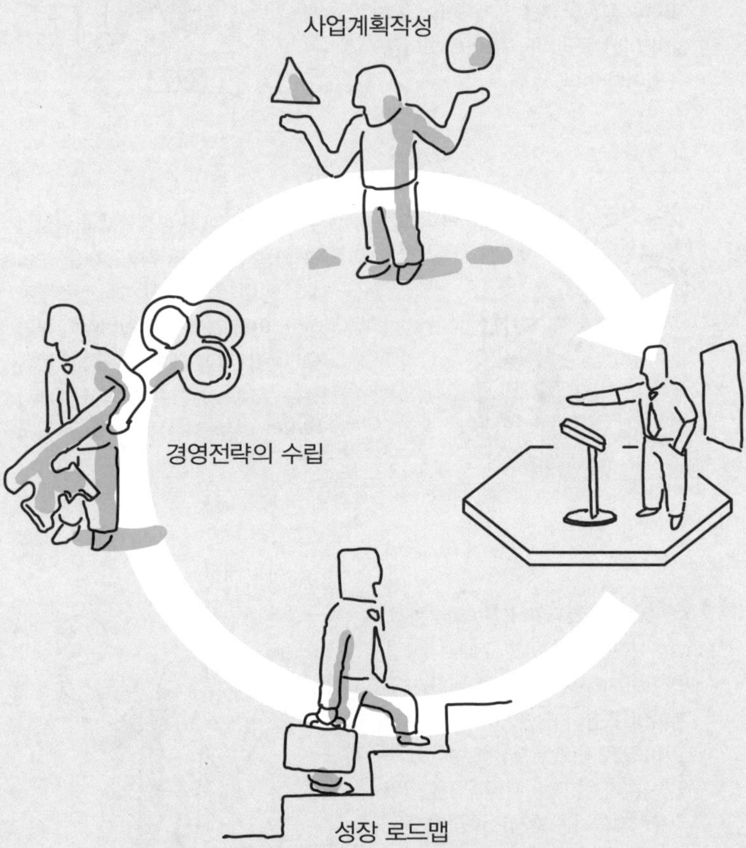

투자를 받기 위해서는 우리의 사업으로 돈을 벌 수 있다는 확신을 최대한 객관적인 방법으로 투자 심사역에게 심어줘야 한다. 어떻게 그런 과정이 가능한가? 먼저 회사 내부의 사람들을 설득해야 하며, 내부적으로 이를 위한 많은 논의와 준비가 필요하다.

투자유치

목적 : 성장동력확보

성공적인 투자유치를 위한 핵심 체크포인트

1. 모두가 공감할 수 있는 회사의 성장계획이 있어야 한다.

회사의 성장계획은 투자자 뿐만 아니라 회사 내부 모두의 관심사이다. 특히 회사 내부의 직원들에게 회사의 성장계획만큼 중요한 것은 없다. 따라서 회사의 성장로드맵은 회사의 주요 임직원만 아는 것이 아니라, 모든 회사내부 직원에게 공유되어야 한다. 그것도 시무식에만 공표하고 끝내는 것이 아니라 상시적으로 알 수 있도록 해야 한다.

이를 위한 가장 좋은 방법은 회사의 성장계획을 직원들이 직접 만드는 것이다. 어느 정도 매출을 낼 것인지, 얼마나 비용절감을 할 수 있을지에 대한 계획을 세움으로써 사내 계획들이 현실적으로 구체화될 수 있다.

기획팀 혹은 일부 팀의 구성원들만이 머리를 짜내는 방식으로는 성장계획의 구체성을 기대하기 힘들며, 다른 직원들의 자발적인 참여도 유도하기 어렵다. 직원들 모두에게 성장계획 수립에 참여할 수 있는 기회를 준다면 모두가 공감할 수 있는 성장로드맵을 만들 수 있을 것이다.

2. 검증된 분석틀을 활용하여 경영전략을 수립하자.

일반적으로 요구되는 사업계획을 위해서는 기본적으로 외부 환경 분석, 내부 역량 분석, 그리고 이를 조합한 SWOT분석이 필요하다. 또한 분석에 입각한 경영전략 및 이를 기초로 한 세부 일정계획이 있다면 기본적인 경영전략 수립과정은 완료된다. 이를 위한 방법에 대해서는 좋은 책자들이 많이 있으므로 참고하여 직접 할 수도 있고, 외부전문가의 도움을 받을 수도 있다.

3. 상시적으로 투자자용(IR) 사업계획서를 가지고 있자.

투자자용 사업계획서는 왜 외부인인 투자자가 그 사업에 참여해야 하는지에 대한 이유를 설명한 것이다. 따라서 여기에는 앞서 언급한 경영전략에 더해 투자자의 투자규모에 따른 회수조건 등이 포함된 자세한 재무적 계획이 포함된다. 물론 이러한 세부 재무적 계획을 제외한 사업계획은 상시적으로 확보하고, 기업 내부의 임직원들이 알 수 있도록 하는 것이 중요하다. 바로 이런 활동이 지식경영의 요체라 할 수 있다.

투자자용 사업계획서는 정기적으로 업데이트되어야 한다. 기간은 분기(1년에 4번) 정도가 적당하다.

체크포인트 ❽

체크 분야	항목	체크
성장계획 수립	회사의 성장계획을 정기적(연2회 이상)으로 사내에 공표한다.	
	회사의 성장계획을 수립하는 정기 회의가 있으며 그 결과는 일반 직원도 알 수 있다.	
	회사 성장계획의 수립과정에 일반 직원도 참여하며 의견을 개진하고 있다.	
경영전략 수립	임원을 중심으로 회사의 경영전략을 수립한다.	
	경영전략의 수립을 위하여 외부 전문가의 도움을 받은 적이 있다.	
	수립된 경영전략을 회사의 일반 직원도 알고 있다.	
투자자용 사업계획서 작성	현재 투자유치를 위한 사업계획서가 있다.	
	회사의 투자유치 사업계획서를 직원들에게 발표한 적이 있다.	
	투자유치를 위한 사업계획을 정기적으로 업데이트한다.(연 2회 이상)	

대한민국 업종별 재무제표 읽는 법

이민주 저 ● 박해익 감수 ● 스프링

『대한민국 업종별 재무제표 읽는 법』은 재무제표란 무엇이며, 5대 업종별 재무제표는 각각 무엇이 다르고 어떻게 읽어야 하는지에 대해 정리한 책이다.

이 세상에는 제조기업 말고도 금융, 수주, 소매유통, 서비스 등 5가지 다양한 업종의 기업이 경영 활동을 하고 있으며, 각 업종의 재무제표 구조도 서로 다르다. 업종별 특징에 따른 재무 비율의 차이점을 이해해야 올바른 기업 분석이 가능하다고 말하는 이 책은 각 업종별 수익구조를 분석하고 그 특성에 맞는 유의미한 지표가 무엇인지 소개한다. 아울러 새로운 방식의 K-IFRS(한국채택 국제회계기준)와 우리에게 친숙한 기존의 K-GAAP(일반기업회계기준) 방식의 재무제표와의 차이를 비교함으로써 그 개념과 특징이 쉽게 머리에 들어올 수 있도록 구성했다.

목차

1. 워렌 버핏은 업종 분석으로 기업을 고른다
2. 금융업, 부채 속에 숨은 이윤을 찾아라
3. 제조업, 현금성자산에 주목하라
4. 재무제표만으로 우량 제조기업 고르는 법
5. 수주업, 선수금에 우량기업이 숨어 있다
6. 소매유통, 운전자본에 우량기업의 성패 있다
7. 서비스기업에는 실물자산이 없다

경제기사의 바다에 빠져라

최진기 저 ● 스마트북스

『경제기사의 바다에 빠져라』는 1997년 IMF 외환위기 직전부터 금융위기를 겪고 난 2011년 현재까지의 각종 경제기사를 유형별로 분석한 책이다. 통화량과 관련된 기사, GDP, 국제수지 등 경제지표와 관련된 기사, 환율기사 등 신문의 경제기사 유형을 10가지로 분류하여 각 기사를 읽을 때 꼭 알아야 할 핵심 경제용어와 경제기사 뿌리지식을 정리했다. 그리고 그 기사들이 등장한 전후 경제상황과 주식·부동산·채권·원자재·외환 등 자산시장에 미친 영향을 추적했다. 이 책을 통해 각 시기 경제 이슈를 쉽게 파악할 수 있음은 물론 그를 토대로 차후에는 어떻게 대응해야 할지에 대해 생각해볼 수 있다.

자주 등장하는 경제기사 제목만으로도 경제의 흐름을 파악할 수 있도록 구성한 이 책은 어려운 경제지식을 쉽게 이해하고 기억할 수 있도록 각종 그림 자료를 실었다. 또한 경제 뿌리지식, 풍부한 기사, 쉬운 해설 등을 활용해 일반인들로 하여금 경제기사의 핵심을 파악할 수 있도록 하였다. 분량이 많아 쉽게 접근하기 어려울 수 있으나, 자신에게 맞는 부분을 찾아 읽는다면 도움이 될 것이다.

목차

1. 경제가 재미있어지는 금리기사
2. 돈의 흐름이 보이는 채권기사
3. 버블버블, 통화량과 인플레이션/디플레이션 기사
4. 정부의 속마음을 읽는 경기정책 기사
5. 착시현상에 주의하자, 경제지표 기사
6. 디커플링은 난센스다, 세계 경제지표 기사
7. 투자 안해도 봐야 하는 주식기사
8. 금융시장을 읽는 필수지식, 선물/옵션 기사
9. 대한민국의 주가지수, 환율기사
10. 한눈에 보는 세계 무역기사

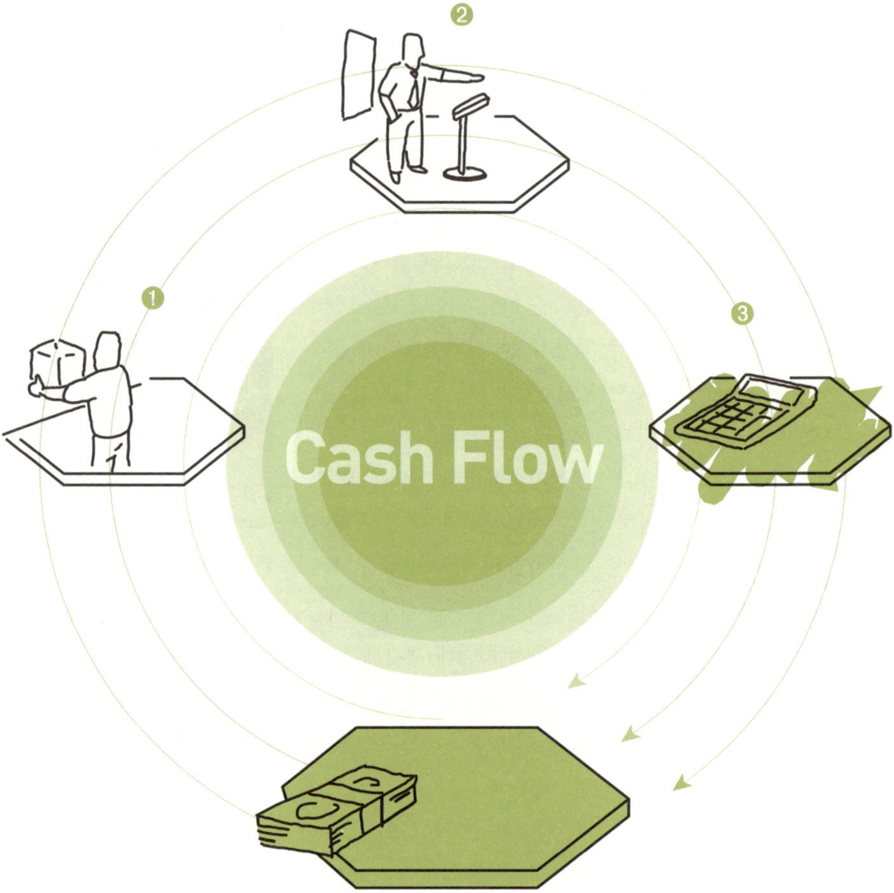

현금흐름

매출이 안정적으로 발생하는 시점부터는 현금흐름관리가 CEO의 가장 중요한 업무가 된다. 정기적으로 이를 관리할 수 있는 자기만의 도구를 활용하여, 현금흐름의 이상신호를 감지하거나 적절한 투자시점을 찾는 등 현금의 흐름을 파악하고 관리하는 능력을 키워야 한다.

기업의 안전을 보장하는 근본적인 방법

현금흐름 관리는 거의 모든 경영 관련 책이나 성공한 CEO의 회고담에 빠지지 않는 테마이다. 그만큼 현금흐름을 파악하는 것은 중요하다. 그것을 모르는 CEO는 없다. 사업에 있어 자금이 원활하게 돌아가는 것이 어찌 중요하지 않겠는가?

그렇다면 이는 어떻게 관리해야 하며, 무엇을 목표로 해야 하는가?

현금흐름의 근본적인 목표는 무엇이며, 어떤 방법으로 현금흐름을 효과적으로 관리할 수 있는가에 대해 알아보자.

1. 언제부터 현금흐름 관리를 해야 하는가?

현금흐름 경영이란 기업 생존을 위하여 단기적으로 유동성을 확보하고 장기적으로 기업가치를 높이는 활동을 가리킨다.

사업을 시작하는 시점부터 자금을 염두에 두지 않는 CEO는 없다. 그렇다면 언제부터 현금흐름을 관리해야 할 것인가? 일단 반드시 현금흐름을 관리하기 시작해야 하는 시점은 다른 이의 자금을 유치하는 시점, 즉 융자 혹은 투자를 받았을 때이다.

그러나 그 이전부터 현금흐름 관리를 시작하는 것이 좋다. 일반적으로 고정적인 매출이 발생하는 시점부터는 현금흐름을 본격적으로 관리하는 것이 바람직하다. 매출원이 많지 않은 초기에는 머릿속으로도 충분히 가능하지만, 현금흐름이 어느 정도 복잡해지면 따로 정리하지 않고는 어려워지기 때문이다.

이후로는 지속적인 현금흐름 관리를 전담하는 재무담당자(경리일수도 있고, 재무담당 임원일수도 있다)와 상시적으로 확인하는 것이 좋다.

2. 무엇을 목표로 현금흐름 관리를 하는가?

현금흐름의 관리는 자금경색이 되지 않도록 만드는 것이다. 일반적으로 비용지출은 정기적으로 발생하며 연기가 어려운 반면에, 자금유입은 매출이 발생한 후에도 한참 뒤에 되는 경우가 많다. 따라서 이러한 점을 염두에 두고 회사에 단기적인 현금부족이 발생하지 않도록 하는 것이 현금흐름 관리의 1차 목표이다.

한편 너무 많은 자금이 계속 쌓여있는 것도 바람직하지 않다. 현금잔고가 많은 시점을 활용하여 회사에 필요한 투자를 하는 등 자금지출계획을 세워야 한다. 이런 계획도 모두 안정적인 현금흐름 관리가 되어야만 가능하다.

3. 어떻게 현금흐름 관리를 해야 하는가?

현금흐름의 관리를 위해서는 물론 전담인력이 필요하다. 그러나 전담인력이 관리하는 현금흐름은 회사의 실제 현금흐름계획(real cashflow plan)이며, 이것 외에도 CEO는 가상의 현금흐름을 시험할 수 있는 대안계획(contingency plan) 수립을 위한 전산양식을 가지고 있어야 한다. 언제쯤 투자를 늘리면 문제가 없는지, 변수를 바꾸면 어떻게 되는지를 확인하기 위한 의사결정도구가 필요하기 때문이다.

현금흐름 관리과정요약

요약

현금흐름 기록

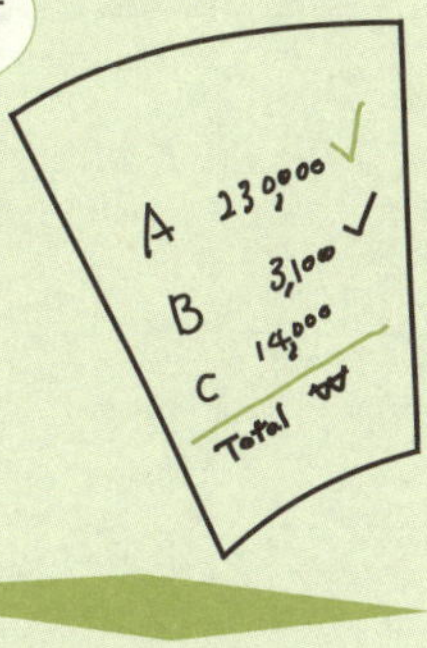

회사의 현금 입출금은 상시적으로 발생하므로, 그 모든 것을 엑셀 등에 기록하고 정형화할 필요가 있다. CEO는 각각의 활동에 드는 비용과 수익을 머리로만 파악하는 것이 아니라, 기록으로 가지고 있도록 한다.

시나리오 플래닝

기업경영 중에는 여러 가지 상황이 발생할 수 있다. 주문이 급격히 증가해서 사람이 갑자기 더 필요해질 수도 있고, 반대의 경우도 발생할 수 있다. 따라서 각각의 경우에 맞는 비용 및 수익을 구조화할 필요가 있다.

시스템화

여러 가지 가정에 따른 현금흐름표를 가지고 회사의 주요 의사결정을 시험적으로 운영해볼 수 있다. 일반적으로 '컨틴전시 플래닝'이라고 부르는 이 과정을 통해 투자 혹은 매출 감소에 따른 민감도 시험을 상시적으로 할 수 있는 힘이 생긴다.

현금흐름 관리과정 요약

현금흐름의 관리는 위험관리를 위한 기본 틀이자, 투자결정을 위한 전략 틀이기도 하다. 다음은 현금흐름 관리를 위한 기본과정이다.

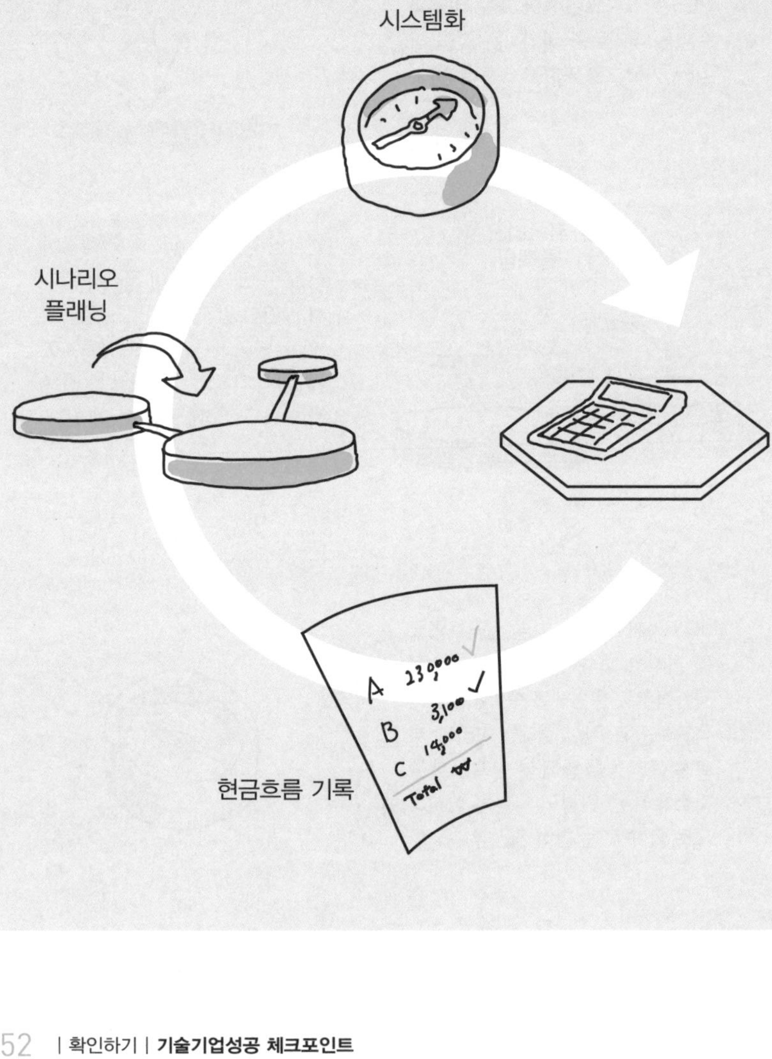

현금흐름을 관리하는 과정을 요약한 그림이다. 회사의 현금 입출입을 빠짐없이 기록하고, 그것을 토대로 발생할 수 있는 여러 가정을 고려한 계획을 세워 현금흐름의 변화관리를 시스템화한다.

현금흐름

목적 : 위험관리와 의사결정

성공적인 현금흐름 관리를 위한 체크포인트

1. 상시적으로 발생하는 현금흐름을 기록한다.

회사에서 발생하는 현금흐름은 일반적으로 회계목적에 따라 분류되고 있으나, 정작 투자 목적 혹은 CEO가 직관적으로 인식할 수 있는 흐름에 따라 정리되는 경우는 많지 않다.

재무관리자는 상시적으로 발생하는 현금 입출 내역을 각각의 항목을 구분하여 CEO에게 보고해야 한다. 일정기간 발생한 현금내역을 자신의 기준에 따라 분류하고 그 상황을 지속적으로 기록한다. 2분기 이상 이를 진행하면, 이를 통해 CEO는 회사의 자금흐름이 어떻게 만들어지는지에 대해 어느 정도 파악할 수 있게 될 것이다. 그리고 1년이 경과한다면 대체적인 현금관계를 파악할 수 있게 된다. 일반적으로 약 3개월이 경과될 때쯤에 자기만의 현금흐름 계획표를 만드는 것이 좋다.

2. 발생 가능한 여러 가정사항을 고려한 계획을 세운다.

사업을 하는 중에는 여러 가지 상황이 발생할 수 있다. 매출증가로 인하여 운전자본이 더 요구되거나 생산직이 필요하게 될 수도 있고, 급격한 감소로 인력을 감축해야 할 때도 있다. 하지만 사람이 필요하다고 해서 바로 채용하여 생산에 투입시킬 수는 없으며, 필요하지 않게 되었다고 바로 정리하기도 힘들다. 때문에 여러 가지 경우(매출 증대/감소, 사업 진출/철수, 상품개발 등)에 따른 제반 활동계획을 미리 수립해놓고 이를 재무적으로 고려할 수 있도록 정리해 두어야 한다.

발생 가능한 상황을 시나리오 별로 정리하되, 가급적 재무적인 부분에 초점을 맞추어 기록한다.

3. 가정에 따라 현금흐름을 볼 수 있는 시스템을 구축하자.

현금흐름관리의 주목적은 회사의 위험을 최소화하는 것이 아니다. 오히려 의사결정을 하기 위한 정보를 제공하는 데에 더 큰 목적이 있다. 따라서 이를 위해서는 시나리오별 각 활동상황의 재무적 변화관계 등이 포함된 현금흐름표가 필요하다.

재무담당자는 현재 우리 회사가 가는 길만을 보지만, CEO는 가지 않은 길 혹은 가서는 안 될 길에 대해서도 대략적인 추정 결과를 가지고 있어야 한다. 시나리오에 따른 민감도 분석을 통해 이러한 작업이 가능하며, 이 과정을 통해서 의사결정에 따른 위험을 최소화 할 수 있다.

체크포인트 ⑨

체크 분야	항목	체크
현금흐름 기록	회사의 재무사항을 관리하고 기록하는 전담 인력이 있다.	
	분기당 입출금 양을 백만 원 단위까지 파악하고 있다.	
	연간 현금흐름 계획표를 차년도까지 만들어서 관리하고 있다.	
시나리오 플래닝	회사의 운영에 영향을 끼칠만한 주요 변수를 3가지 이상 파악하고 있다.	
	각 변수가 발생할 경우의 대응계획을 가지고 있다.	
	각 대응계획에 따른 대략적인 자금의 변동상황을 예측하고 있다.	
자금계획 시스템화	재무제표를 보고 이해할 수 있다.	
	재무적인 부분은 전문적인 재무관리 프로그램으로 관리되고 있다.	
	투자 혹은 철수 등의 시나리오 별 민감도 분석을 할 수 있도록 엑셀 등의 프로그램으로 된 관리도구를 가지고 있다.	

회사실무계약서

이중연 저 ● 새로운제안

조직에서 일하다 보면 근로·연봉계약서부터 각종 경영·상품매매·임대차계약서, 보증계약서, 넓게는 내용증명, 위임장, 각서 등 수없이 많은 계약과 계약서에 부딪히게 된다. 용어부터 문장 하나하나까지 어렵기만 한 계약서들. 그러나 대충 읽거나 작성했다가는 자칫 실무자뿐만 아니라 회사에도 크나큰 손실을 끼칠 수 있다. 그렇다면 이러한 계약서들을 빈틈없이 작성하고 꼼꼼하게 확인하려면 어떻게 해야 할까?

이 책《한 권으로 끝내는 회사 실무 계약서》는 계약 실무에서 꼭 알아야 하는 핵심포인트를 조목조목 짚어주는 실무가이드로서, 계약서 작성에 어려움을 겪고 있는 실무자들에게 큰 도움이 된다. 실무자들은 이 책을 통해 상황에 꼭 맞는 계약서는 무엇인지, 또 계약서에서 결코 놓쳐서는 안 되는 핵심사항들은 무엇인지에 대해 알 수 있다.

목차

1. 계약서의 기초지식편 - A. 계약서 작성의 기초지식
2. 계약서의 기초지식편 - B. 기타 회사문서 작성의 기초지식
3. 회사 계약실무 샘플편 - A. 회사 실무 계약서 샘플
4. 회사 계약실무 샘플편 - B. 기타 회사문서 샘플

2011 세금절약 가이드 I

국세청

국세청에서 만든 세금에 관련된 종합적인 안내서로, 온라인 서점에서 구매 가능하다. 다음과 같은 사항에 의문을 갖는다면 꼭 볼 필요가 있다.

1. 개인으로 할까, 법인을 설립할까?
2. 간이과세자로 등록해야 하나, 일반과세자로 등록해야 하나?
3. 간이과세자로 등록할 수 없는 업종도 있다.
4. 늦어도 사업개시일로부터 20일 이내에는 사업자 등록을 신청해라.
5. 개업 전에 비품 등을 구입할 때도 반드시 세금계산서를 받아 두어라.
6. 상가를 신축하여 임대하고자 하는 경우에도 사업자등록을 미리 해두어야 불이익을 당하지 않는다
7. 다른 사람이 사업하는데 명의를 빌려주면 큰 손해를 볼 수 있다.
8. 개인에서 법인으로 전환할 때도 세금을 내지 않는 방법이 있다.
9. 중소기업을 창업하는 경우에는 조세지원 규정을 잘 활용하면 세금을 반으로 줄일 수 있다.
10. 사업장을 임차한 경우에는 확정일자를 받아 놓도록 하자.

목차

Check Point

3부

지역만의 장점을 활용하자

Chapter

1

지역별 전략산업 육성체계 활용

지역별 산업육성체계를 활용하자.

우리나라는 전세계적으로 산업 성장속도가 매우 빠른 것으로 정평이 나 있다. 특히 전략산업의 육성지원과 관련해 몇 안 되는 성공사례에 꼽힐 정도로 우수한 시스템을 가지고 있는 것으로 평가 받고 있다. 그러나 실상 각 지역별로 그 발전에 따른 편차가 크다는 한계가 있어, 지난 1998년부터 지역별 균형발전 등을 주목적으로 한 지역산업 육성정책을 본격적으로 추진하고 있다.

지역의 산업육성을 위한 핵심적인 전략은 각 지역별로 중점 육성하고자 하는 전략산업을 선정하고, 이를 집중 지원할 수 있는 체계를 갖추기 위하여 투자를 집중하는 것이었다. 그 결과 우리나라의 각 시도 중에는 특정한 전략산업에 대해 강점을 가진 지역들이 다수 만들어지게 되었다.

각 시도마다 이에 관련한 지원체계와 이에 기반한 특성들이 있으므로, 기술개발을 하는 기업이라면 이러한 지역별 특성을 알고 활용하는 것이 유리하다.

1. 내 사업에 필요한 장비를 사용할 수 있는 곳이 있는가?

전략산업의 육성을 위하여 각 시도별로 일반적으로 4개 내외의 전략산업을 선정하고, 지난 2002년 이후 집중적으로 관련 장비 및 시설을 조성하였다. 예를 들어 충남지역의 경우에는 전자정보산업, 자동차부품산업, 농축산 바이오산업, 첨단문화 산업을 전략산업으로 선정하고, 이를 집중 지원할 수 있는 장비 및 시설을 각 산업별 특화 지원센터에

설치하여 기업들이 활용하도록 하고 있다. 현재 이러한 시설 및 장비의 보유현황은 각 시도별 테크노파크에서 확인할 수 있다. 예를 들어 충청남도의 경우에는 충남테크노파크(www.ctp.or.kr)에서 확인할 수 있다.

2. 필요한 기술개발지원은 어떻게 하면 받을 수 있는가?

각 시도의 해당 전략산업에 대한 기술개발지원사업은 해당 시도에서 우선하여 선발하고 있다. 해당 지원과제는 중기청 등에서 진행하는 일반 지원과제와는 달리 각 시도나 광역권의 전략산업 혹은 선도산업에 속해야만 받을 수 있는 것이 대부분이다. 따라서 자신이 영위하는 산업업종이 각 지역별로 집중 지원하는 전략산업과 같은지를 먼저 확인해야 한다. 만약 같지 않다면, 다른 지역으로의 이전도 심각하게 고려해보아야 한다.

3. 어떤 기업지원을 더 받을 수 있는가?

거의 모든 시도의 테크노파크 컨택센터에서는 회원제로 전담 멘토를 지정해 주는 기업지원사업을 진행하고 있다. 또한 이외에도 마케팅, 경영컨설팅, 기술이전 중개 및 교육훈련 등 포괄적인 기업지원을 받을 수 있다. 이러한 지원사업은 테크노파크에 입주한 기업 혹은 각 시도 내에 있는 기업 위주로 진행된다.

테크노파크의 기업지원 활동

요약

지역 내 기술기업은 테크노파크에 입주할 수 있을 뿐 아니라 각 전략 산업별로 구비되어 있는 공용장비를 실비로 활용할 수 있다. 이를 통해 빠른 시간 안에 해당 지역에서 기술기업으로 정착할 수 있다.

지역의 경우 기술개발을 할 수 있는 연구인력이 한정되어 있으므로, 지역 내에 있는 기술개발 과제에 참여하는 것은 혁신적인 기술기업으로 성장하기 위해 필수적인 과정이다. 기술기업은 테크노파크를 통하여 기업네트워크에 참여할 수 있고, 부설 지역산업평가단의 평가를 통하여 기술개발과제 수행기업으로 선정되어 기술개발 과제를 수행할 수도 있다.

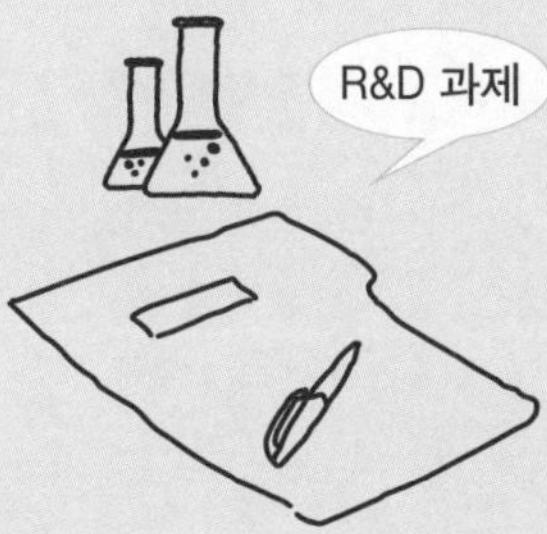

지방의 기술기업은 수도권의 기업에 비해 경쟁력 있는 지식서비스를 제공받지 못하는 경우가 많다. 따라서 테크노파크는 이러한 기술기업들을 대상으로 컨설팅, 교육훈련을 통한 인력양성, 마케팅 지원 등 다양한 지식서비스를 직접 혹은 경쟁력 있는 전문 서비스 기업을 통해 제공한다.

테크노파크의 기업지원활동 구성도

태크노파크는 각 시도별로 조성되어 있으며, 아래 그림과 같은 업무를 통해 지역 내의 기술기업을 지원한다.

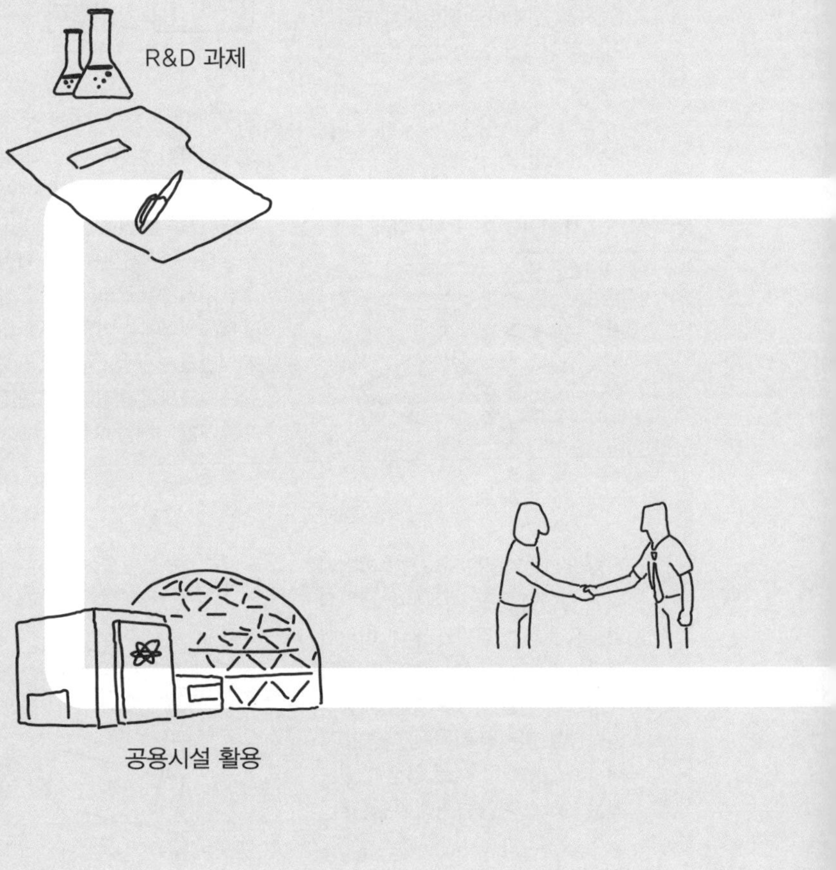

각 시도별 테크노파크는 시도지사를 이사장으로 하며 각 시도의 산업육성을 맡고 있는 기관이다. 특히 테크노파크는 각 지역의 전략산업육성과 관련한 업무를 진행하고 있다.

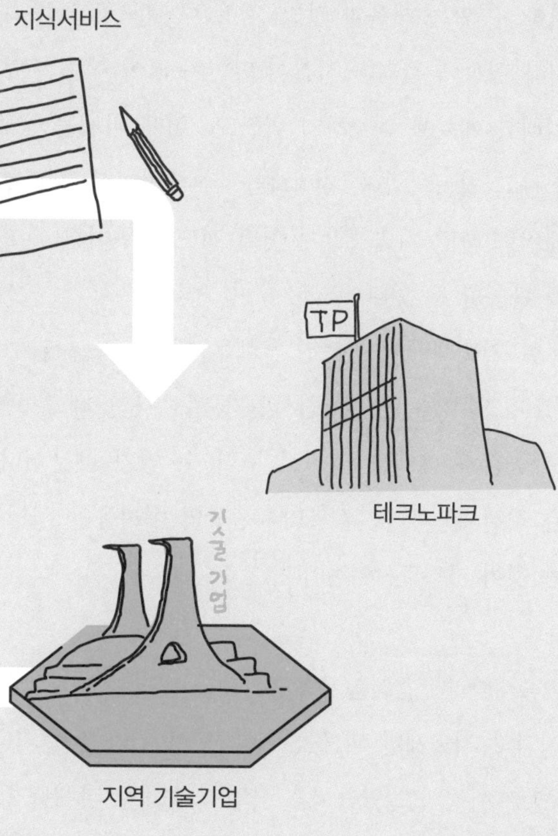

기술기업을 위한 성공 체크포인트

1. 우선 공공기업지원공간에 입주하는 것이 중요하다.

사업을 시작하는 것은 힘든 일이다. 더구나 지방은 직원을 채용하기도, 비즈니스 서비스를 받거나 필요한 부대시설들을 갖추는 것도 어렵다. 기업활동에 관련되어 필요한 대부분의 것들을 대중교통을 활용해 구비할 수 있는 서울과 달리, 지방은 모든 것이 한 데 모여있지 않을 뿐 아니라 이동에 걸리는 시간이 만만치 않아 이중의 부담을 느끼게 된다.

이러한 애로를 해소하기 위한 첫 번째 과제는 공공기업지원시설로의 입주라고 할 수 있다. 지방에는 각 대학마다 창업보육센터가 있다. 이곳에 입주하면 기술개발이 어느 정도 이루어질 때까지 대학의 여러 시설을 활용할 수 있다.

또한 기술개발이 종료된 후에는 테크노파크 입주를 시도해 볼 필요가 있다. 입주와 관련된 심사를 통과한다면, 테크노파크가 보유한 여러가지 공간과 혜택을 그대로 누릴 수 있기 때문이다. 특히 지방기업의 경우 직원채용에 따른 복리후생상의 어려움을 상당부분 해소할 수 있다는 것이 가장 큰 이점이다.

2. 기술개발과제 참여를 통해 경쟁력을 높일 수 있다.

지역의 기술개발 과제는 각 시도의 전략산업 기술개발 과제나 광역권 별로 시행되고 있는 선도산업 기술개발 과제를 통해 진행되고 있다. 이러한 개발 과제에 선정되기 위해서는 자체적인 기술개발력도 중요하지만, 어떤 연구팀과 협력하고 있는가도 중요하다.

지방에는 여러 대학이 있고 전문 기술을 가지고 있는 교수와 연구팀도 많다. 또한 기업수가 많지 않을 뿐 아니라 기술개발 과제 자체의 절대적인 수가 더 많다. 즉 지방은 서울에 비해 상대적으로 산학협력을 통한 기술개발이 쉬운 편이므로, 이러한 점을 활용하지 못한다면 지방에 있는 장점을 살리지 못하는 것이라 할 수 있다.

지역 내의 관련 기업 커뮤니티에 속해있다면 보다 쉽게 상품개발 협력 파트너를 만날 수 있다. 인근 회사와의 협력을 통해 초기의 어려움을 해소하는 것은 중요한 사업상의 전략이다.

3. 내가 모르는 경영상의 문제를 지식서비스 지원을 통해 해결할 수 있다.

테크노파크를 비롯한 지방의 공공기관에서는 다양한 지식서비스 지원 사업을 시행하고 있다. 지역의 기술기업은 이를 통해서 경영전략 컨설팅, 교육훈련, 시장개척 지원 등을 상대적으로 용이하게 받을 수 있다. 서울의 많은 기업들이 이러한 혜택에서 사실상 소외되어 있다는 점을 고려한다면 이것이 상당히 좋은 기회임을 알 수 있다.

공공지원사업 활용부문별 참여의 주요 목표

활용부문	공간활용	기술개발	지식서비스
핵심목표	지역내 커뮤니티 참여	기술개발 능력 배양	시장개척지원
	직원 복리후생 개선	초기 운영비 확보	경영전략 조언
	초기 비용/시간 절감	기술네트워크 참여	지역네트워크 참여

각 시도별 전략산업현황도입니다.

우리나라에서는 16개 시도 각각이 중점 육성해야 하는 전략산업을 설정하고 선택적으로 집중 지원하고 있다. 아래의 그림에서 해당 지역의 전략산업을 확인하고 우리 기업의 사업내용이 우리 지역에서 중점지원을 받을 수 있는 분야인지 확인해보자.

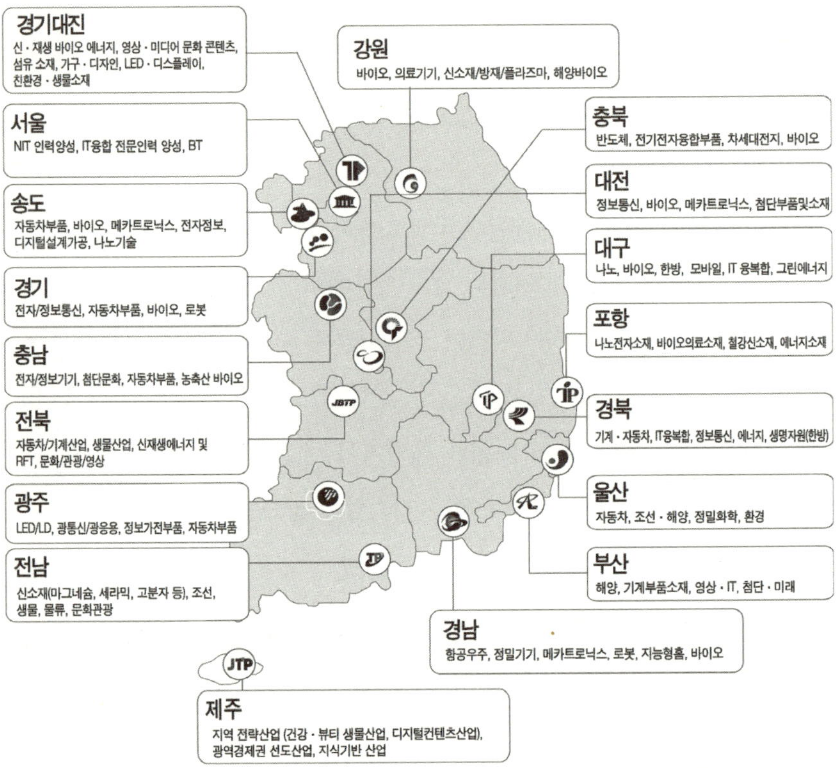

※ 이 외에 지난 2010년부터 실시된 5+2 광역권별 광역 선도산업에 대한 지원프로그램이 있다. 같이 확인해보자. (www.region.go.kr)

기술개발지원과제 정보수집을 위해 회원가입이 필요한 웹사이트

한국산업기술진흥원 홈페이지

http://www.kiat.or.kr

각 시도별 기술기업지원사업들을 일목요연하게 볼 수 있으며, 각각의 평가기준도 알 수 있다. 대부분의 지역기술기업지원사업을 총괄 관리하는 기관이므로 종종 방문하여 주요 사업 등을 확인하자.

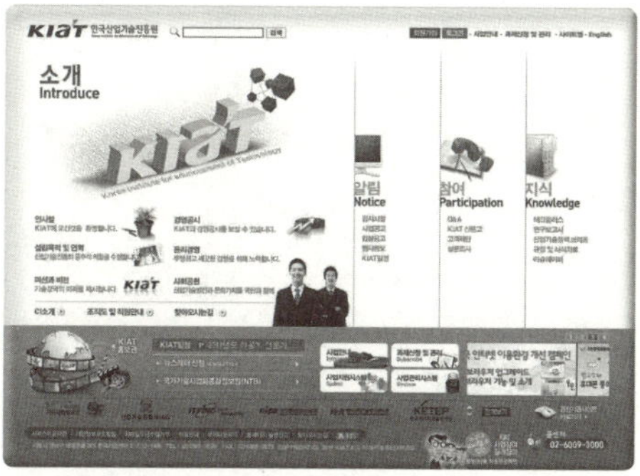

산업기술평가관리원 홈페이지

http://www.keit.re.kr

국가기술개발과제를 총괄 관리하는 기관으로, 해당 과제의 평가 등에 관련된 정보를 홈페이지에서 확인할 수 있다.

기술개발과제를 받고자 한다면 산업기술평가관리원 홈페이지에 전문분야 전문가로 등록하자. 일정한 정보를 받을 수 있을 뿐 아니라 일부 정책수립 과정에 참여도 가능하다.

Chapter

2

지역의 단점을 극복하는 노하우

지방기업의 한계를 넘기 위하여

어떻게 하는 것이 지방기업의 단점을 보완하는 동시에 장점을 살릴 수 있는 길일까?

지방기업이 기본적으로 갖게 되는 어려움을 해소하고 한계를 극복하기 위해서는 부족한 부분들을 먼저 인정하고 직원채용, 상품개발, 자금관리 각 부문별로 차별화된 전략을 가질 필요가 있다. 그리고 이를 통해 개발된 다른 역량과 유리한 점을 활용하여 그 한계를 극복하는 것이 좋다.

일단 각 기업이 자신의 역량을 충분히 알고 있다는 전제 하에서, 그리고 지방의 기술기업이라는 한계를 넘기 위한 노력이 필요하다는 것을 인식한다는 전제 하에서 그 전략들에 대해 검토해보자.

질문 ❶ 우리 직원은 어디에 있나?

지방의 기술기업이 가지고 있는 가장 큰 한계는 사람을 뽑기 어렵다는 것이다. 대부분의 대학 졸업생들은 서울 혹은 인근 대도시의 직장을 선호한다. 특히 서울지역에 소재한 기업에 대한 선호도는 나날이 높아지고 있는 것이 현실이다.

이러한 상황에서 우리는 어떻게 직원을 찾을 수 있을까?

질문 ❷ 기술을 개발할 연구진은 어디에 있나?

나도 폼나는 연구를 하고 싶은데, 처음에 함께 시작한 동료들 외에는 연구 개발을 함께 할 파트너를 구할 방법이 없다. 신입직원을 뽑으려 시도해도 경험이 일천하여 언제부터 개발을 시작할 수 있을지 알 수 없고, 정말 막막한 상황이다.

질문 ❸ 투자를 해줄 사람은 어디에 있나?

지방기업이 투자를 받기 위해서는 안정적인 매출이 필요하다. 그렇지만 안정적인 매출이 나오는 상황이라면 왜 투자를 받으려고 하겠는가? 따라서 그 전에 문제를 해결할 방법을 찾아야만 한다.

전략 1 우수직원 확보를 위한 3가지 전략

지방기업의 CEO는 기본적으로 우수한 직원을 채용하기에 어려움이 많다는 것을 항상 염두에 두고 모든 상황을 고려해 준비해야 한다.

다음의 주요 대책들은 실질적으로 실천 가능한 방향을 중심으로 제안한 것이다.

창업기

협력 • 초기에는 인력이 풍부한 기업과의 협력을 통해 인력모집의 어려움을 해소한다. 이를 위해서는 CEO 및 핵심인력의 노하우에 관심을 보이는 협력기업과의 전략적인 제휴가 필요하다. 대부분의 지방기업들에는 우수한 인력이 부족하며, CEO나 그 동료들이 최고급의 인재들이기 때문이다.

개발기

홍보 • 회사가 어느 정도 성장을 하면, 가장 먼저 회사의 이미지를 관리할 필요가 있다. 특히 지방기업의 경우에는 브로셔, 웹사이트, 블로그나 기타 홍보자료 등에 더 많은 신경을 써야 한다.

홈페이지나 블로그는 지역 내의 매출 향상에 기여할 수 있을 뿐 아니라, 이를 통해 예비신입 직원에 대한 홍보 효과도 거둘 수 있다.

성장기

교육 • 직원을 채용한 후에는 지속적인 성장을 유도할 방법을 찾아야 한다. 무엇보다도 우리 회사가 이 분야에서 제일이라는 확신을 심어줄 수 있어야 하는데, 그러한 확신은 회사 내의 공부하는 분위기에서 나온다.

지방기업의 CEO 중에는 산업교육훈련에 강사로 참여해 직접 교육을 진행하는 경우가 있는데, 교육생과의 유대관계를 통해 직원을 뽑을 수 있어 가장 바람직한 경우라 할 수 있다.

전략 2 상품개발을 위한 3가지 전략

대부분의 지방기업은 상품개발을 할 수 있는 역량이 부족하다. 기본적으로 가지고 있는 자산이 부족한데다 인근에 경쟁력 있는 외주업체가 많지 않기 때문이다.

창업기

산학 협력 • 사업 초반에 택할 수 있는 가장 바람직한 방법은 산학협력이다. 산학협력 프로젝트를 통하여 기술개발능력을 확보하자. 단 산학협력으로 달성해야 할 목표를 분명히 하는 것이 중요하다. 어느 정도의 기술능력이 확보된 후에 다음 단계로 넘어갈 수 있다.

개발기

선택과 집중 • 한 기업이 모든 것을 다 잘 할 수는 없으므로, 나만이 제공할 수 있는 기술을 빠르게 선택하는 것이 중요하다.
산학협력을 위해서는 어느 정도 여러 가지 기술과제를 수행해야 하나, 실제 회사의 핵심경쟁력으로 삼을 수 있는 기술은 최대한 좁혀 나만의 블루오션을 만들어야 한다.
이를 통해 향후 상생협력을 할 수 있는 틀이 구축된다.

성장기

상생 협력 • 지방의 기술기업은 너나할 것 없이 어렵다. 따라서 다른 기업과의 협력 없이는 그저 용역만 수행하거나 경쟁력 없는 상품만 만들다가 서서히 무너질 우려가 있다.
사업을 키우려면 외부기업과의 전략적 제휴가 필요하다.
이를 위해서는 내가 가진 기술을 특화하여 집중해야 하고, 그 기술을 통하여 내가 얻을 수 있는 수익모델을 만들어야 한다.

전략 3 자금확보를 위한 3가지 전략

지방기업의 자금형편은 초기에는 다소 나은 반면 후기로 갈수록 어려워지는 경우가 많다. 때문에 초기 생존 이후 지속적으로 안정적인 매출구조를 만들 수 있느냐가 성공의 관건이 된다.

창업기

정책 • 자금

지방기업은 정책자금을 받을 수 있는 통로가 많은 편이다. 차별적인 사업계획을 가지고 있으며 CEO가 그 사업을 수행할 수 있을 것으로 여겨지면 지원을 받을 수 있다. 물론 다소 귀찮게 준비해야 하는 것들이 있으나, 그것들도 결국 나를 성장시키기 위한 즐거운 잔소리로 여기면 된다.

개발기

정부 • 조달

정부조달업체 선정시에 각 시도는 지역 내 기업의 육성을 위해서 우선적으로 이들을 선정하는 경우가 많다. 따라서 초기에는 이러한 이점을 활용할 필요가 있다. 적극적으로 정부조달 사업을 확인하자. 특히 최근에는 2천만 원 이상의 사업은 거의 대부분 전자조달을 하도록 되어 있으니, 수시로 관련 사이트를 확인한다면 초기 안정에 도움을 얻을 수 있다.

성장기

매출 • 구조

그러나 정책자금과 정부조달 만으로는 근근이 유지만 할 수 있을 뿐이며, 장기적인 성장을 위해서는 안정적인 매출구조가 필요하다. 결국 나만의 아이템과 차별화된 상품이 중요한 것이다.
따라서 지역 내 상생협력을 통하여 전국적으로 경쟁력 있는 상품을 만들어내는 것이 궁극적인 사업성공의 관건이 된다.

Chapter

3

의사결정을 도와주는 전략테이블

CEO의 의사결정도우미

오늘날은 경제 변화가 심화되고 전 세계를 대상으로 하는 무한경쟁시대가 다가옴에 따라 기업 환경도 매우 복잡해졌다. 이러한 상황 속에서 CEO는 너무나 자주, 아주 중요한 결정을 빠른 시간 안에 내려야 한다. 게다가 이러한 상황을 이해하고 도와주는 사람이 없는 경우가 대부분이어서 그 어려움은 더욱 가중된다. 결국 CEO 혼자서 모든 중요한 결정을 내려야 하는 것이다.

노르웨이에서 시작된 BUNT(Business development Using New Technology) 프로그램은 많은 기술기업 CEO의 의사결정을 도와주는 것으로 유명하다. 이 프로그램은 기술기업의 실패가 기술개발의 실패 때문이 아니라, 대부분 경영과 관련한 의사결정 실패에서 비롯되었다는 조사결과를 기초로 시작되었다.

노르웨이의 BUNT처럼 전문가 도우미가 있으면 좋겠지만, 우선 간략하게나마 CEO의 의사결정을 도울 수 있는 도구를 만들어 활용해 보자. 계산기처럼 아주 명료하지는 않아도, 의사결정에서 오는 오류를 상당수 줄여줄 수 있을 것이다.

1. 의사결정을 지원한다는 것은 무슨 의미인가?

의사결정을 지원한다는 것은 의사결정의 과정을 분석하여, 각 과정에서의 의사 결정시 참고할 수 있는 적절한 자료를 제공하고 오류를 줄여주는 활동을 의미한다. 즉 결정의 틀 짓기 → 정보 수집하기 → 결론 → 학습 등의 일련의 과정을 거쳐 생각할 수 있도록 일종의 생각프레임을 만들어 제시해주는 것이다.

2. SWOT분석을 통해 무엇을 할 수 있나?

SWOT분석은 내부역량을 강점과 약점으로, 외부환경의 변화 요인을 기회와 위협으로 구분하여 각각의 경우에 어떻게 대응해야 할지를 일목요연하게 표현한 경영지원 도구로써, 거의 모든 사업계획서에 포함되어 있다.

3. 전략로드맵으로 무엇을 할 수 있나?

회사의 내부역량을 강화하기 위한 활동을 각 분기별로 표시하고 어느 시점에서 어떤 활동을 할 것인지를 명료하게 보여주는 것이 전략로드맵이다. 따라서 이를 통해 회사의 향후 계획을 명확히 알 수 있고, 외부변수에 따른 상황변화에 따라 회사의 활동이 어떻게 변해야 하는지에 대해 쉽게 추정할 수 있다.

연간 경영전략수립을 위해 필요한 요소

요약

직원

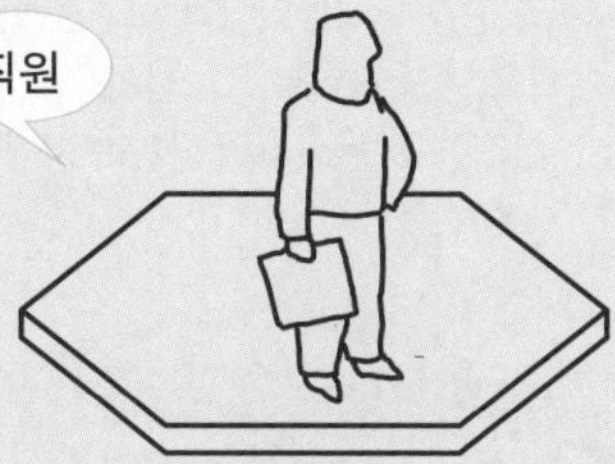

직원들을 어떻게 운용할 것인가가 내부역량강화의 핵심이다. 직원들을 기술/생산직과 기획/관리직으로 구분하여 각 분기별 전략을 수립한다.

상품개발

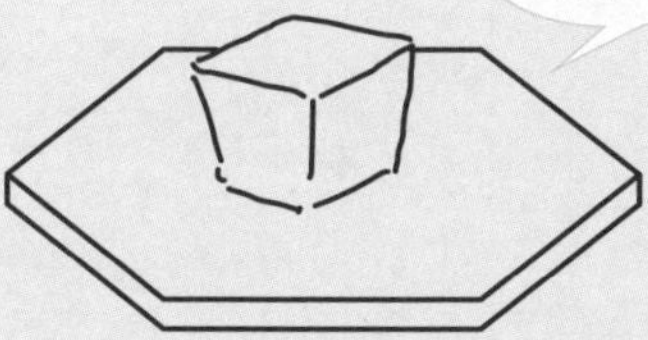

산학협력 및 외부협력을 통한 상품개발 전략, 그리고 생산시설의 증대를 통한 상품개발 전략에 대해 명시한다.

자금

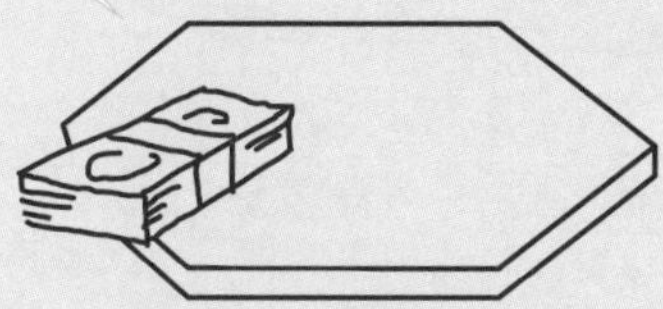

투자와 융자에 대한 전략을 세우고 현금흐름을 파악하며 결손을 예상한다. 이로써 자금에 대한 전반적인 계획을 정립할 수 있다.

시장

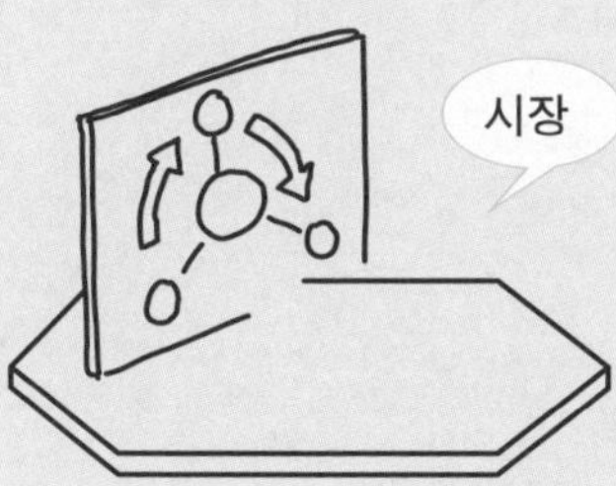

시장에 대응한 전략들, 즉 국내 및 해외 영업망을 확충하고 마케팅 도구를 개발하는 등의 활동들에 대한 계획을 수립한다.

연간 경영전략 수립 양식(예)

회사의 활동과 관련한 중요 의사결정계획을 연간 계획으로 요약할 필요가 있다. 아래 표와 같이 내부역량강화와 관련된 직원, 상품개발, 자금 계획과 마케팅 및 기타 활동 계획을 연간 단위로 표시한다.

이러한 표는 회사의 상황과 여건에 따라 변용하여 활용할 수 있다.

부문	종류	항목	1/4분기	2/4분기
직원	기술/생산	기술인력		+
		생산인력		
	기획/관리	일반인력		
		경력인력	+	
상품개발	상품 1	산학협력		
	상품 2	외부협력		
	상품 3	생산시설 증대		
자금	투자/융자		+	+
	현금흐름	고정부문		
		변동부문		
	현금과부족			
시장	영업망	국내		
		해외		+
	마케팅 수단	기존 내용		
		신규		+
기타		경영컨설팅	+	

만약 투자 혹은 융자가 실패하면, 연계된 프로그램은 모두 중지

기본적으로 CEO는 아래와 같은 문서형태의 경영전략표와 함께, 엑셀 등의 전산양식으로 된 경영전략표를 같이 가지고 있어야 한다.

3/4분기	4/4분기	관련 내용
✚		상품 3의 양산준비계획 필요
		상품 2를 위한 해외투자인력 고용
	✚	상품 3의 투자시행
		(1/4분기) 상품 3을 위한 투자유치 시도 (2/4분기) 상품 3에 대한 정책자금 융자 시도
✚✚		상품 3에 대한 생산시설 투자로 자금 투자 필요
		상품 2를 위한 해외영업망 확충
		상품 2를 위한 해외영업용 영업도구 개발
		상품 3을 위한 신규투자와 관련한 타당성 분석

의사결정을 위한 경영지원도구

1. 의사결정을 위한 나름의 틀을 가지고 있어야 한다.

의사결정과정은 아래와 같은 순서로 진행되는 것이 일반적이다. 예를 들어 러시아와 관련된 사업에 투자할 것인지 말 것인지를 결정하는 과정에 대해 살펴보자. 만약 러시아가 WTO에 가입하면 러시아 수출이 늘 것으로 예상되므로 투자를 하기로 한다면, 우리는 사전에 세웠던 결정계획을 토대로 러시아의 WTO 가입이라는 정보를 수집함으로써 투자를 결정하게 되는 것이다. 물론 실제로 투자를 한 결과는 좋을 수도 있고 그렇지 않을 수도 있다. 그러한 결과는 다시 피드백을 통하여 학습되고, 새롭게 만들어지는 결정계획은 이를 반영하여 이루어지게 된다.

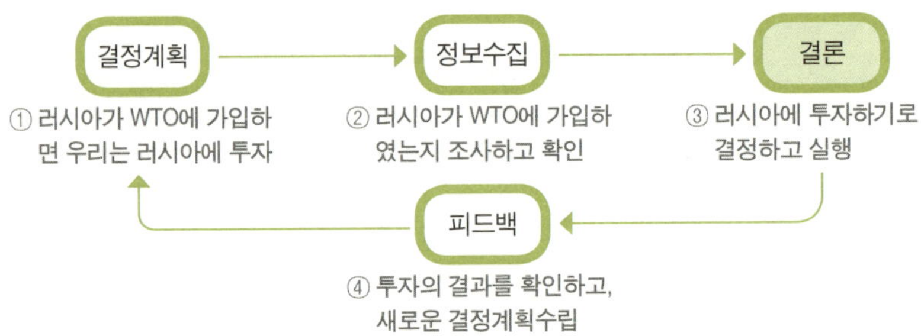

이러한 의사결정 과정에서 중요한 것은 명료하게 상황을 판단하게 하는 틀이다. 즉 결정계획과 관련한 프레임을 명료하게 볼 수 없다면, 정보를 수집한다 하더라도 쉽게 결론을 내리지 못하고 망설이게 된다. 또한 잘못된 결정을 내리더라도 제대로 피드백을 할 수 없어 학습을 통한 발전도 기대할 수 없게 된다.

이와 같이 명료한 결정계획을 표현해주는 것들을 경영지원도구라고 하며, SWOT 분석은 가장 대표적인 분석도구이다. 본 서에서는 SWOT 분석도구에 대해 간략히 소개하며, 보다 자세한 내용은 본서의 시리즈로 출간되는 경영전략 워크북을 통해 익힐 수 있다.

2. 일반적인 SWOT분석틀의 구조

내부

강점 (Strength)

- 차별적 능력
- 경쟁우위
- 브랜드파워
- 혁신력
- 비용우위 주도권
- 기술인력
- 견고한 재무능력
- 독점적 기술
- 고객 충성도

주체(기업, 기관, 조직, 사업)의 **역량**

약점 (Weakness)

- 가격 민감도
- 자금 동원력
- 낮은 시장점유율
- 낡은 시설
- 상품개발력 열위
- 진부한 상품
- 마케팅 능력부족
- 상대적으로 높은 원가
- 공급자와의 불안정한 관계

주체(기업, 기관, 조직, 사업)의 **자원의 제약**

Good! Bad!

외부

기회 (Opportunity)

- 시장의 폭발적 성장
- 신시장의 등장
- 세계적 확장
- 고객의 욕구 증대
- 경쟁사의 퇴출 또는 퇴보
- 신상품 또는 새로운 서비스에 대한 Needs 부각

환경(시장, 산업, 경쟁, 고객)의 **긍정적 영향**

위협 (Threat)

- 새로운 경쟁자 침입
- 원자재 부족
- 상품원가 상승
- 기술의 변화
- 대체품의 부각
- 불리한 경제적 환경
- 고객의 강한 압력
- 불리한 법률 및 규제

환경(시장, 산업, 경쟁, 고객)의 **부정적 영향**

SWOT 분석을 위해서는 내외부의 주요 영향요인을 도출해야 한다. 즉, 분류기준(중요도, 영향도, 관련성, 순위), 영향범위(매크로, 마이크로/세계경제, 산업, 지역, 시장, 전후방산업), 영향경로(경제, 산업, 정치, 사회, 문화), 영향시기(장기, 중기, 단기), 활용분야(전략을 어디에 활용할 것인지?) 등의 항목들을 검토하고 각각의 환경에서 이를 도출해야 한다.

3. SWOT 매트릭스의 구조

일반적으로 SWOT분석을 통해 얻어낼 수 있는 전략 매트릭스의 구조는 다음과 같다. 이는 기본적으로 강점과 약점을 외부의 환경 변화 요인인 기회 및 위협과 조합하는 것이며, 그 중에서 가장 가능성이 높은 전략을 핵심전략으로 선택하는 구조이다.

관리 대상 / 외적요소	강점(S) 5~10개의 강점을 나열함	약점(W) 5~10개의 약점을 나열함
기회(O)	SO 전략	WO 전략
5~10개의 외적인 기회를 나열함	기회의 이점을 얻기 위해 강점을 활용하는 전략	약점을 극복하면서 기회의 이점을 살리는 전략
위협(T)	ST 전략	WT 전략
5~10개의 외적인 위협을 나열함	위협을 피하기 위해 강점을 활용하는 전략	약점을 최소화 하고 위협을 피하는 전략

4. 일반적인 SWOT분석틀로 전략을 선택하는 방법

기업의 강점과 약점을 각각 기입하고, 이를 기초로 외부의 환경변화 요인인 기회와 위협요인을 함께 표시한다.

각각의 매트릭스가 만나는 점에서 상호 관련성의 크고 작음을 평가해 실질적으로 어떤 전략을 선택할 것인지를 결정한다. 아래의 그림은 기회와 강점의 연관도, 위협과 약점의 연관도를 표시한 것이며, 이에 대해 각각 점수를 매겨 표시한 것이다. 결과로 나타난 점수 등을 통해서 실질적으로 어떤 강점을 더욱 강화하고 어떤 약점을 먼저 보완해야 할 지에 대한 시사점을 얻을 수 있다.

SO전략과 WT전략 분석을 통한 강점, 약점 우선순위 도출(사례)

S-Strength(강점) W-Weakness(약점) O-Opportunity(기회) T-Threat(위협)		기회					위협				SW 점수
		미래 성장 시장	고부가 가치 상품	관련 수요 증대	해외 시장 확대	여성 시장 확대	미 확정 시장	대형 회사 참여	낮은 진입 장벽	해외 경쟁자	
강점	품종이 다양	●		○		○		●			4
	고품질		●		○		●	○		○	3
	자동화	○		●							3
	해외경험				●						2
	원천기술보유	○	●		○	○	○	○	○	●	5
약점	판매거점이 없다			●	○	○		○			1
	지명도가 낮다	○				●		○			1
	늦은 납기 대응력		○	●				○	○	○	3
	고객 대응팀	○	○	○		○					0
	늦은 개발 속도		○	○				●			2
OT 점수		4	4	3	4	2	0	5	1	1	

범례. ●: 관련성이 매우 크다(2점) ○: 관련성이 크다(1점)

- 사례는 SO전략 수립을 위한 강점 및 기회점수와 WT전략 수립을 위한 약점 및 위협 점수를 표시한 것이다.(연두색 음영으로 표시된 부분)
- 점수는 기회와 강점이 교차되는 칸에 관련성이 매우 크면 까만 점(2점)으로 관련성이 있으면 동그라미(1점)으로 표시하고 합산하면 된다.
- 사례를 보면 기회를 살릴 수 있는 가장 중요한 강점은 5점인 원천기술 보유가 되고, 다음은 4점인 품종 다양화가 된다. 또한 강점을 부각시킬 수 있는 기회중 중요한 것은 같은 4점인 미래성장시장, 고부가가치 상품화, 해외시장 확대 등의 동향이 된다. 따라서, SO전략의 핵심은 원천기술을 보유를 늘리고, 품종 다양화를 통한 해외시장 개척이 된다.
- 같은 방식으로 WT전략은 대형회사의 참여라는 위협(5점)에 대한 약점보완이 필요하므로 늦은 납기대응(3점) 및 개발속도(2점)를 보완할 수 있는 전략이 필요하게 된다.

5. SWOT분석을 활용한 전략수립방법

SWOT분석을 통해 얻어낸 각 전략을 실제로 어떻게 활용하느냐 하는 것은 결국 각 CEO의 경영전략에 달려있다. 아래와 같이 자신의 강점을 강화하고 기회를 활용하느냐, 아니면 반대로 약점을 보완하고 위협을 없애는 쪽에 초점을 맞추느냐에 따라 그 전략은 성장전략이 될 수도 축소전략이 될 수도 있다. 이 중에서 어떤 전략을 선택하는 것이 옳은 것인지는 명확하게 정해져 있지 않다.

단, 전략적 선택을 위한 의사결정의 틀을 명확히 해야만 다음 선택을 할 때에도 보다 나은 전략을 선택하여 실수를 줄일 수 있다.

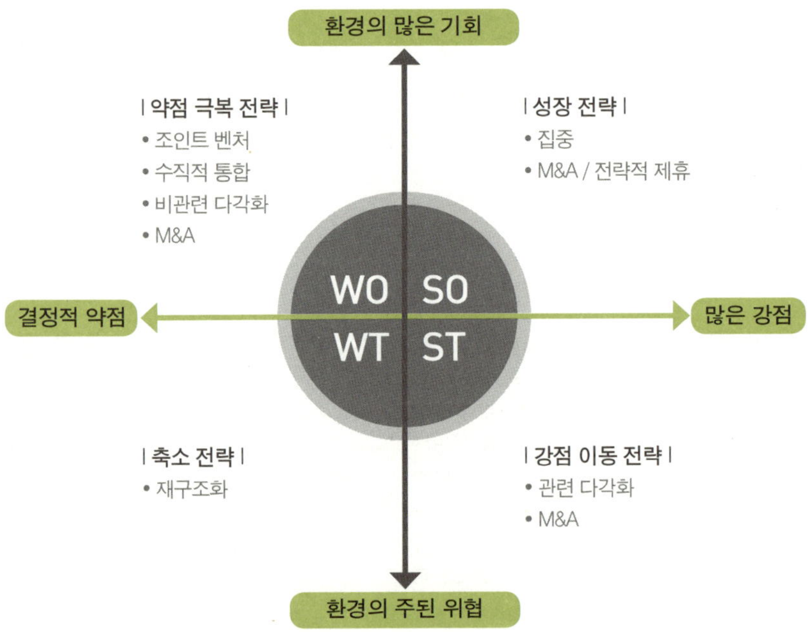

6. 시기에 따른 SWOT분석의 동태적 활용

아래의 그림과 같이 도출된 SWOT분석의 결과는 시간의 흐름에 따라 다양하게 변용해가며 활용할 수 있어야 한다. 과거에 배운 내용을 가지고 현재가 만들어지며, 이를 기초로 새로운 위협요인들에 대해 어떻게 대처할 것인지 혹은 새로운 기회요인들을 어떻게 활용해야 할지를 결정할 수 있다. 즉, 아래 그림에서 위협을 보완한 1기, 기회를 활용한 2기를 볼 수 있다.

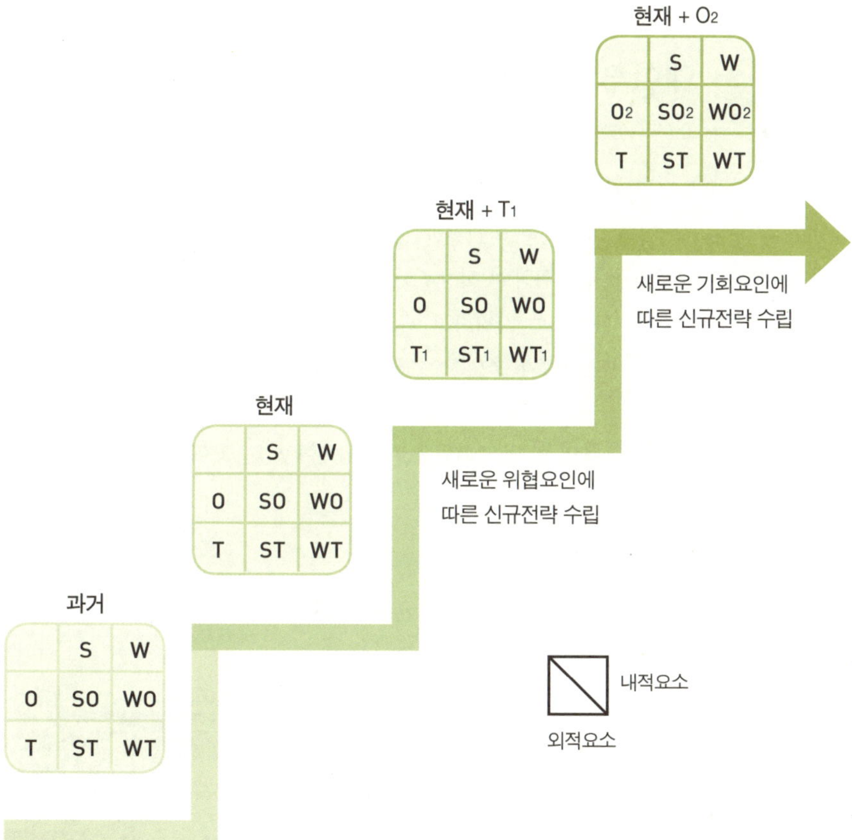

무역정보 : 코트라, 무역협회, 알리바바

무역에 관련된 사이트는 매우 많다. 당장 돈이 되기 때문일 것이다. 그 중에서도 내게 이익을 줄 수 있는 사이트의 회원으로 가입하는 것이 필요하다.
우리나라의 사이트들이 제공하는 정보들은 상당 부분 중복되는 경우가 많지만, 몇 곳은 반드시 직접 방문해서 확인할 필요가 있다. 코트라와 무역협회가 그런 곳이다. 또한 알리바바 닷컴은 우리나라 사이트는 아니지만 유용한 정보를 많이 얻을 수 있다. 가장 저렴한 상품에서부터 다양한 상품들의 스펙과 가격을 볼 수 있다. 본인의 수준을 파악하고 평가하기 위해서라도 이러한 정보는 반드시 필요하다.

대한무역투자진흥공사

http://www.kotra.or.kr

지식경제부 산하기관으로 전세계에 무역관을 두고 우리나라 기업의 해외진출을 지원한다. 특히 중소기업의 해외진출지원을 위하여 시장조사 등의 활동을 하기도 한다. 회원으로 가입하고 관심지역을 등록하면, 현지의 투자설명회 초청장이 수시로 날아온다.

해외진출을 희망한다면 반드시 회원으로 가입해야 하는 곳이다.

무역협회 홈페이지

http://www.kita.net

무역관련 정보를 종합적으로 제공하는 무역협회 홈페이지이다. 각종 통계 뿐 아니라 해외진출 지원, 수출입관련 지원 등 모든 무역 관련 정보를 받아볼 수 있다. 특히 환율정보 등을 확인하기에 유용하다.

알리바바닷컴

http://www.alibaba.com

전 세계 무역하는 사람들의 아마존과 같은 역할을 하는 알리바바닷컴이다. 우리나라에도 EC21 등 유사한 사이트가 있긴 하지만, 오늘날 중화권의 무역 관련 상품들이 집중적으로 등장하면서 반드시 활용해야 하는 곳이 되었다. 특히 현재 판매하고 있는 상품과 유사한 상품의 국제가격 등을 확인할 때에 유용하다. 상품을 제조하는 기업이라면 자주 방문해야 할 곳이다.

통계정보 : 통계청, 나라지표, 한국은행

요즘에는 네이버 등의 포탈을 통해서도 증권관련 정보, 국가정보 등을 편리하게 찾아볼 수 있다. 특히 상장기업이라면 네이버의 증권관련 정보에서 정보를 알 수 있으며, 공시정보도 연계되기 때문에 굳이 증권거래소까지 방문할 필요가 없다.
그러나 국가통계포탈은 원정보를 관리하는 곳으로 기업인이라면 반드시 확인이 필요한 곳이다. 정부 관련 정보는 국가통계포탈을 통해 대부분 확인할 수 있다. 가급적 1위 사이트를 이용하는 것이 세상의 시류를 아는 데에 도움이 된다는 점을 잊지 말자.

국가통계포탈

http://kosis.kr

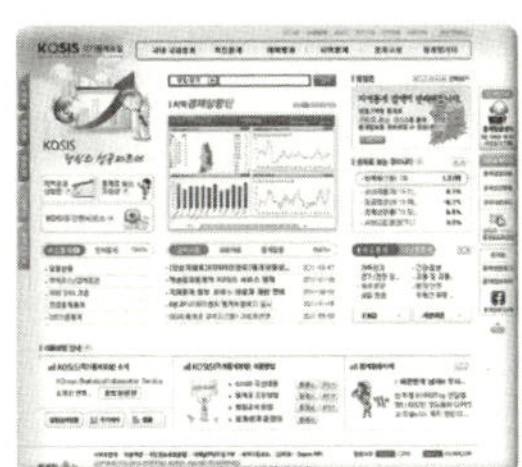

통계청에서 운영하는 국가통계포탈 KOSIS는 다양한 통계정보를 확인할 수 있는 곳이다. 실질적으로 경제생활과 관련된 1차 자료를 확인할 수 있어서 사업전략을 수립하기 위한 자료 수집에 매우 유용하다. 특히 지역경제상황판, 통계로 보는 자화상 등을 통해 사업에 대한 시사점을 얻을 수 있다.

본 서의 활용을 제안하면서...

본 서는 기업의 핵심역량을 구성하는 세 가지 요소인 직원, 상품, 자금 각각에 대해 특히 지식경영, 사업모델 구축, 현금흐름관리에 초점을 맞추어, 경영하는 방법에 대해서 제안하고 있다.

이러한 활동을 실제로 잘 하고 있는지를 점검하기 위한 체크포인트를 각 절별로 9개씩 총 81개 제시하였다. 독자는 이를 점검함으로써 경영현황을 경계하고 점검하는데 활용할 수 있다.

체크포인트 합계표

관리 대상	창업기	개발기	성장기
지식경영	체크포인트 ❶	체크포인트 ❷	체크포인트 ❸
상품개발	체크포인트 ❹	체크포인트 ❺	체크포인트 ❻
자금관리	체크포인트 ❼	체크포인트 ❽	체크포인트 ❾
Check Sum	창업기 합	개발기 합	성장기 합

이를 위해 체크포인트 합계표와 같이 지식경영, 비즈니스모델개발, 자금관리 각각에 대한 각 체크포인트의 체크수를 합해서 점검해보자. 체크포인트 평가표를 기준으로 창업기는 27개, 개발기는 창업기의 체크항목과 더하여 54개, 성장기 기업이라면 81개의 체크항목을 통해 스스로 평가할 수 있다.

물론 본 평가는 개략적인 것이며 스스로를 진단하는 데 목적이 있는 것으로, 절대적인 것은 아니다. 그렇지만 현재의 경영상태를 전반적으로 점검하는 데에는 도움이 될 것이다.

체크포인트 평가표

관리 대상	창업기	개발기	성장기
부족	6개 이하	12개 이하	18개 이하
보통	7개 ~ 17개	13개 ~ 35개	19개 ~ 53개
우수	18개 이상	36개 이상	54개 이상

| **참고 문헌** |

01 EBS CEO특강 제작팀, ≪CEO 특강≫, 마리북스, 2010. 3

02 HR Institute · 노구치 요시아키, 이봉노 옮김, ≪전략적 의사결정을 위한 문제해결 툴킷≫, 새로운제안, 2005. 10

03 高橋透 · 福島彰一郎 · 伊藤武志, 서상혁 · 조성복 공역, ≪기술마케팅≫, 경문사, 2007. 12

04 가재산, ≪어떻게 최고의 인재들로 회사를 채울 것인가≫, 쌤앤파커스, 2011. 8

05 국세청 세정홍보과, ≪세금절약 가이드≫, 국세청, 2011. 5

06 기술보증기금, ≪도전과 응전,성장은 끝나지 않았다≫, 기술보증기금, 2010. 3

07 노나카 이쿠지로 · 가쓰미 아키라, 남상진 옮김, ≪씽크이노베이션≫, 북스넛, 2008. 3

08 노나카 이쿠지로 · 곤노 노보루, 나상억 옮김, ≪노나카의 지식경영≫, 21세기 북스, 2009. 3

09 니시무라 가쓰미, 장민주 옮김, ≪1분 피터 드러커≫, 애플트리태일즈, 2011. 11

10 닉 스미스 · 로버트 월런 · 캐서린 주, 액션츄어 코리아 옮김, ≪기업 소셜미디어 활용 전략≫, 에이콘, 2011. 11

11 다니엘 핑크, 김주환 옮김, ≪드라이브≫, 청림출판, 2011. 10

12 데이비드 레스터, 김무겸 옮김, ≪실직자 프랭크, 사업을 시작하다≫, 북스넛, 2011. 3

13 류랑도, ≪캐논코리아의 혁명은 포장마차에서 시작되었다≫, 랜덤하우스코리아, 2011. 11

14 마츠우라 모토오, 이민영 옮김, ≪선착순 채용으로 세계 최고 기업을 만들다≫, 지식공간, 2010. 8

15 미첼 쿠지 · 엘리자베스 홀로웨이, 서종기 옮김, ≪당신과 조직을 미치게 만드는 썩은 사과≫, 예문, 2011. 11

16 바바라 민토, 이진원 옮김, ≪민토 피라미드로 배우는 논리적 글쓰기≫, 더난출판, 9판, 2011. 4

17 박현주, ≪쌩초보 100% 알짜 창업 따라잡기≫, 매일경제신문사, 2009. 7

18 알렉산더 오스터왈더, 예스 피그누어, 유효상 옮김, ≪비즈니스 모델의 탄생≫, 타임비즈, 2011. 10

19 사카이 조, 김홍기 옮김, ≪회사를 키우는 인재육성의 비밀≫, 제이펍, 2011. 5

20 송숙희, ≪책쓰기의 모든것≫, 인더북스, 2011. 5

21 스가마 쇼지, 정선우 옮김, ≪생산관리 테크닉 99≫, 비지니스맵, 2007. 11

22 스콧 벨스키, 이미정 옮김, ≪그들의 생각은 어떻게 실현 됐을까?≫, 중앙북스, 2011. 2

23 심재후, ≪친절한 창업 교과서≫, 한스앤리, 2007. 3

24 에드워드 루소 · 폴 슈메이커, 김명언 · 최인철 옮김, ≪이기는결정≫, 학지사, 2010. 1

25 에이브러햄 H. 매슬로, 왕수민 옮김, ≪인간욕구를 경영하라≫, 리더스북, 2011. 6

26 이민주, ≪대한민국 업종별 재무제표 읽는법≫, 스프링, 2011. 7

27 이병철, ≪채용의 교과서≫, 북메이드, 2011. 7

28 이중연, ≪회사 실무계약서≫, 새로운제안, 2005. 6

29 조철선, ≪전략 기획 전문가 조철선의 기획 실무 노트≫, 아인북스, 2007. 2

30 중소기업청 · 창업진흥원, ≪굿찬스 굿아이디어≫, 창업진흥원, 2010. 8

31 최진기, ≪경제기사의 바다에 빠져라≫, 스마트북스, 2011. 8

32 칸노 히로시, 보스턴컨설팅그룹 옮김, ≪보스턴컨설팅그룹의 리더십테크닉≫, 비즈니스맵, 2006. 2

33 크리스 앤더슨, 이노무브그룹 외 옮김, ≪롱테일 경제학≫, 랜덤하우스, 2006. 11

34 패트릭 포사이스,이진원 옮김, ≪읽고 싶은 보고서 · 제안서≫, 비지니스맵, 2007. 10

35 하우석, ≪관리자를 죽여라≫, 책읽는 수요일, 2011. 7

36 한근태, ≪채용이 전부다≫, 올림, 2010. 3

| **교재개발** | 충남테크노파크산업인력양성사업 교재개발위원회

| **지은이** | 김태진

서울대 공학 석사, 한보그룹 기획팀, 벤처컨설팅 업체 홀로섬닷컴 컨설턴트, (사)한국테크노파크협의회 사무국장을 거쳐, 현재 (주)기술과전략 대표

| **감 수** | 김재강

영남대 법학과 졸, 충남경제진흥원 기업지원 팀장, 충남테크노파크 기업지원 팀장, 기업육성 부장, 기술이전 센터장 등을 거쳐, 현재 한국 기술거래사회 이사, 충남테크노파크 인력개발센터 센터장

충남테크노파크산업인력양성사업 교재개발위원회

이영훈 충남테크노파크 인력개발센터 자문위원
김재강 충남테크노파크 인력개발센터 센터장
엄이섭 충남테크노파크 인력개발센터 교육연수팀장
이성열 충남테크노파크 인력개발센터 과장
이병일 충남테크노파크 인력개발센터 연구원
최현정 충남테크노파크 인력개발센터 연구원
정근영 충남테크노파크 인력개발센터 연구원
신경운 충남테크노파크 컨택센터 전문위원
윤경원 충남테크노파크 컨택센터 전문위원

확인하기

기술기업성공 체크포인트

초판 1쇄 발행 2012년 2월 17일

지은이 김태진
펴낸곳 (주)모션블루
펴낸이 홍제훈
출판등록 제2011-000305호
주소 서울 강남구 신사동 523-20 동원빌딩 3층
전화 070-7648-1070
팩스 0505-310-1070
이메일 motionblue7@naver.com
카페 cafe.naver.com/motplan

값 12,000원
ISBN 978-89-967492-4-0